U0059974

大都會文化
METROPOLITAN CULTURE

大都會文化
METROPOLITAN CULTURE

強尼戴普
Johnny Depp
A Modern Rebel

可以狂放叛逆，
也可以柔情感性

布萊恩・傑・羅伯
(Brian J. Robb)◎著

黃秀英◎譯

目錄
CONTENTS

目錄

叛逆下的性感柔情

強尼戴普曾是好萊塢的局外人，同時被某些人稱為現代的詹姆士迪恩（James Dean）。過去十幾年來，戴普成長許多，年過40的他，已把過去叛逆衝動、瘋狂砸毀飯店和與狗仔隊周旋的流氓形象甩開，取而代之的是成為法國歌手凡妮莎帕拉迪絲(Vanessa Paradis)的情人及他兩個小孩莉莉蘿絲（Lily-rose）及傑克（Jack）的父親。

從叛逆小子到父親，幾乎是難以預期的轉變。對於曾一度避免接拍好萊塢商業片，僅追求非商業電影角色的他來說，有了小孩之後，演出《神鬼奇航》和提姆波頓（Tim Burton）的《巧克力冒險工廠》，可說是給了戴普邁入家庭生活的通行證。同時，他仍保有單身時對特殊角色的追尋，例如在《風流才子》中扮演的羅徹斯特（Rochester）伯爵，以及在《The Diving Bell & The Butterfly》中演出完全癱瘓的琴・多明尼克包利（Jean-Dominique）。而兩部熱賣的電影《斷頭谷》和《神鬼奇航》，則讓戴普有能力與帕拉迪絲和小孩在法國過著遠離媒體及好萊塢壓力的新生活。

從實現個人抱負與藝術理想——《縱情四海》、《在夜幕降臨前》、《濃情巧克力》，到可以讓荷包滿滿的主流賣座電影——《太空異種》、《密窗》而言，戴普幾乎是一時之選。他的演出，可以讓一部大爛片有值得觀賞的動機，當然也會讓扎實的拍片計畫，增色不少。

1995年，即使沒有演出賣座電影，強尼卻早已是千萬身價的明星。他的形象已讓全球百萬名的少女將他當偶像膜拜，並同時抱怨他早期在《龍虎少年隊》中，令人心動的少年的角色形象過於商業化。他拒絕了無數成功的主流電影如《捍衛戰警》、《真愛一世情》、《末路狂花》和《俠盜王子羅賓漢》的角色邀約，盡挑像是《艾德伍德》、《這個男人有點色》和《帥哥嬌娃》等各類古怪角色的劇本。

2003年，拜《神鬼奇航—鬼盜船魔咒》船長傑克史派羅（Jack Sparrow）角色之賜，戴普再度躍回Super Star的行列，同時享受事業第二春。「我只是希望出現在小孩子可以看的電影中演出。」戴普說出選擇該角色的理由。「他們對我說，依據『海盜船』為背景來拍攝影片，我說就拍。在沒有腳本、導演，甚至什麼都不知道的狀況下，說拍就拍。」

戴普深知這角色是為小孩而拍，也等於把他從之前所演的古怪角色，如剪刀手愛德華、艾德伍德、《帥哥嬌娃》中的山姆，甚至是《Fear and loathing in Las Vegas》

中的羅爾（Raoul Duke），與主流商業片的形象結合在一起。之前，他也以同樣的方式詮釋《斷頭谷》中的驗屍官伊卡布克萊恩（Ichabod Crane），和《英雄不回頭》中的CIA探員桑德斯（Sands），但卻只有船長傑克史派羅一角深深烙印在小孩和大人心中。「這種經驗，前所未有，」戴普說，「以賣座演員的身份造訪好萊塢及片場，這是個有趣的改變。」

在過去10年中，戴普個人的生活有了戲劇化的改變。他與名模凱特摩斯（Kate Moss）的關係在90年後期破裂——原因在於法國歌手凡妮莎帕拉迪絲有了小孩，於是戴普選擇一起分擔。「我愛上了凡妮莎，在深情望著她那一刻。」戴普說著，「那時我極度迷失，她用最大的溫柔寬容、包容我，讓我完全改變。」

他們很快就組成家庭，在法國鄉下和巴黎、洛杉磯購屋，也有了莉莉蘿絲及傑克兩個小孩。這個之前不願安定下來，寧願四處租屋的人，現在卻樂於扮演溺愛小孩的慈父及「丈夫」（帕拉迪絲及戴普並沒有結婚，但他們認定彼此為夫妻）。

「我喜歡我們鄉下的房子。」戴普用詩意的口吻說道，「我可以走到臨近的村莊喝一杯咖啡而不會有人注意到我，我只是一個抱著女兒的父親。與凡妮莎在法國的日子使我堅信可以與好萊塢保持一定的距離和關係。演戲雖然可以維持生計，但我不想靠演戲過活，老實說定居在巴黎讓我有回到家的感覺……」1995年在看完《絕命時刻》後幾年，他向影迷們說出這句令人吃驚的話。

無論有沒有戲約，戴普的一舉一動都令人驚嘆。在生活中、電影裡，甚至在角色選擇上，他隨時讓自己處在「有興趣」的狀態裡，「有一股力量一直激勵著我，不讓我做些簡單的事情，」他承認，「我可以評估所有的細節，但總有一個聲音告訴我：『強尼，就是這個』而這就是當中最困難的、衍生出大問題的部份……」

強尼戴普總是以特有的方式來詮釋角色，這同時也讓影片成功賣座。戴普說，「馬龍白蘭度（Marlon Brando）、艾爾帕西諾（Al Pacino）、達斯汀霍夫曼（Dustin Hoffman）這些奇人都曾對我說：不要妥協。做你的工作，若你給的不是他們要的，就要隨時準備走人。」

他爭取到以自已獨有的（偏見）眼光來詮釋角色的權利，這個結合了驚奇和不妥協的表演慾，同時把他的事業帶到上了高峰——以《神鬼奇航》角逐美國演員工會獎和奧斯卡男主角的提名。

他也沒有流露出「為何轉拍主流電影」的任何跡象。「我在這一行已經夠久了。在某個星期中，得知自己是某部影片的唯一人選，」戴普說，「但下個星期就

剛進入演藝圈時，有著刺青和高聳髮型的強尼戴普在好萊塢並不是紅星，他自稱住在墓穴裡

被踢出名單。這是個有趣的人生，它值得我去享受。」

　　接下來的這個故事，如同雲霄飛車般起起伏伏，從1963年肯塔基州的歐文斯柏羅（Owensboro），開到2005年的法國……

第一章　初來乍到 Slow Burn

每當強尼戴普開始用他那怪異的神情演出古怪的電影和戲劇人物時，記者們就會好奇地詢問他的童年。

「我就是格格不入，」戴普認為自己的童年是透過扮演社會邊緣人來把自己帶回現實生活中的不確定感裡。尤其在1994年，扮演艾德伍德（Ed Wood）對他來說特別有迴響。「就像他一樣，我也像機器的零件一般，一個指令一個動作，笨笨的長大。在《剪刀手愛德華》中我也有同樣的感受。」

戴普似乎是認為，有必要從他所扮演的每個角色來重新創造、尋找童年──以他消逝的記憶來為角色鋪陳虛構的故事。這不僅僅是給媒體記者們一份聲明稿這麼簡單，而是超過他們所期望的還要更多，而這些故事早已在他們的腦海中寫出來了。事實上，這是強尼戴普公開讓大眾檢視的第一個可能線索──狂野的生活、瘋狂的愛情、未成熟的叛逆──只是另一個虛構的故事，由世界上最有天賦的演員虛擬出來。

約翰克里斯多弗戴普二世（John Christopher Depp II）生於1963年6月9日，肯塔基州的歐文斯伯羅（Owensboro）。強尼戴普是四個小孩中最小的，他有兩個姊姊黛比（Debbie）及克莉絲蒂（Christi），及一個哥哥丹恩（Dan），而其中的兩個小孩是媽媽第一個婚姻中生的。他的父親，老約翰戴普是歐文斯伯羅市的工程師公務員。母親，貝蒂蘇（Betty Sue）則是餐廳的女服務生。「年復一年，我看著她服侍用餐的人，晚上替她數小費。」戴普如此說著對他影響最大的母親。「她就像船員一樣說粗話、打牌，還有抽菸。」開發中的1950年代，住在廉價住宅區的典型美國中產階級家庭，他們住郊區、過著郊區的生活、作著郊區的夢，1960年的宣戰時代，若你是朝九晚五一族，就會像明信片及雜誌上的照片一般，有著房子、車子和美滿家庭的美國夢。而這就是戴普家的寫照。

小強尼有別於其他孩子。他似乎有著更高的使命，因為爺爺是有著純正血統的卻洛奇族人（北美印第安人的一族），他給了戴普有如雕刻品般的鮮明輪廓，讓他能隨時在雜誌封面上展現成熟魅力。另一方面，戴普也有德國及愛爾蘭人的血統。有趣的是，當他還小，玩起牛仔和印地安的遊戲時，總是喜歡表現出對印第安血統的忠誠，無論玩伴薩爾珍柯（Sal Jenco）射掉他的帽子多少次，他這個印地安人永

遠拒絕死去。

　　然而，相當獨立的他似乎在遵守規定和服從上，有著極大的毛病，這個問題伴隨戴普一生，也是他後來在人格特質上產生衝突的遠因。老約翰和貝蒂蘇總試著想讓他像一般郊區小孩一樣玩該玩的遊戲，但在這不久之前，小強尼卻向老師裸露屁股，表示對日常的指定工作感到藐視。

　　「我是一個奇怪的小孩」，戴普輕鬆的承認。「我想成為李小龍、想成為霹靂小組隊員。當我五歲時，想成為歌手丹尼爾布恩（Daniel Boone）。」他把蜥蜴當作是寵物，企圖想要把牠們訓練成在牠的頭上輕一點就會知道方向的寵物。他回想起自己最早的兒時記憶，是驚訝地得知最年長的卻洛奇族親戚是什麼東西這件事。「我的曾祖母的腳趾甲。我不知道為什麼，一直看到它。它們看起來像是腰果。她死的時候是102歲，當時我還是個小孩子。」

　　長大後，戴普興趣也變了。他對音樂有著滿腔熱情，他加入的Kiss樂團的樂風與形象對他來說同等重要。至於現實生活中的偶像則是摩托車特技人員依維爾吉尼維爾（Evel Knievel）——1970年代，騎著特別設計的閃亮摩托車，飛越過一排排汽車。然而，並不是所有的流行元素都吸引著戴普，他也一度迷上梵谷，對梵谷的藝術創作、生活及奮鬥感到興趣。

　　年輕的戴普有一個一直存在的問題：他總試圖想把自己想像生活，和所成長的無聊、令人窒息的郊區環境劃上等號。他七歲時，全家由肯塔基州搬到佛羅里達州邁阿密城外，一個以勞工階級為主的城鎮米羅馬（Miramar）。「米羅馬就像恩多拉（Endora），《戀戀情深》的小鎮，」他說，「那裡有兩間一模一樣的雜貨店在街的兩頭，什麼特別的事也沒發生。」他們家在當地的汽車旅館約住一年光景，直到他爸爸再度找到公務員工作為止。而這種住在汽車旅館的生活方式日後深深影響戴普——不曾擁有房子，僅是短期租屋，或是接二連三地住飯店。

　　另一個家庭成員，不是他父母，這個人最後讓小強尼體會到，原來夢想中的生活是可以自己設計的。「我叔叔是一位有專屬福音團的牧師。」戴普受雜誌專訪時說。「他以老套的方式站在講台上然後抓住自己的雙臂哭出來，而後說，『來吧，起來吧，得到救贖吧。』然後人們就會跪到他的腳跟前，做出那種崇拜偶像的奇怪事。」

　　在叔叔的許多傳道會中，年輕的戴普近距離的看到類似藝術般的表演。他學到

14

1985年，強尼戴普拍攝於《Private Resort》。這部青少年性喜劇將會留在他的履歷表上。

了如何吸引群眾的注意；他看到了牧師叔叔如何用謀略及手段來說服他的信眾相信自己所說的真理，還有他的巧妙安排、要顯露出的重要訊息。對音樂的興趣早已在這個年輕人心中萌芽，他渴望站上舞台，把所有會的都表演一遍。然而，對一個在加油站打工的人來說，要成為一位搖滾樂歌手畢竟有點困難，戴普擔心他的命運會像他父母親所期望的一樣，循規蹈矩然後成功的從學校畢業。

「我的親戚們帶領一個福音團，而他們常常練習福音歌曲，那是我第一次接觸到電吉他，」戴普說到他的傳教士叔叔。「我對電吉他著迷，所以媽媽就向福音團以美金25元買了一把給我。當時我只有12歲。從那時開始我便把自己關在房內將近一年，聽著唱片試著學會彈，然後組一個小樂團在車庫裡練習。我參加的第一個樂團叫火燄（Flame）。下一個樂團叫小鬼（The Kids）。這個樂團後來搬到好萊塢。」

對於建立樂團的獨特形象，強尼戴普還挺勤快的。「我們各穿著一件印有『燃燒他們』的T恤。13歲穿單色T恤，接著開始偷穿我媽的衣服。她有著那種法式剪裁袖的皺天鵝絨衫，還有像是泡泡紗款的鐘形鈕子。不過，話說回來，我夢想舞台還沒找到。」戴普對華特斯說道。

離開音樂的日子，戴普學校的成績也未能讓父母滿意。「高中三年，那好像還是昨天的事。我好像修了八個學分。到了高三而我根本不想去上學。心裡覺得很無聊而且討厭上學。」

「我開始與不良少年鬼混，」戴普於1988年的訪問中說道。「我們曾經打壞東西及闖入別人的地盤。 我們闖入學校，還破壞整間教室裡的東西。我也曾在店裡偷東西。」

之後在戴普的職業生涯中，曾碰到他以前的一個老師向他要自傳，這讓他相當生氣。「我的意思是，到底要我說甚麼。他當我欸！還記得有一次他當著全班人的面前重重的斥責我。他沒有花心思在我的身上，但現在忽然間，要我的自傳？他們以前都認為我會染上毒癮然後橫死獄中。」

他的老師以前可能為他的未來擔心過。根據他自己以前的描述，戴普也不完全是一個無辜的人：「我12歲開始抽菸，13歲有了性經驗，14歲已經營過所有毒品，只要你說得出名字的。我不是壞蛋，我只是好奇，」他承認，「我確實有一些毒品經驗。但你會發現這些東西最終會帶你往那兒去，然後你就會跳出來。」

這個年輕人早早就有先見之明，自己學校時期的叛逆行為，不是他的問題。他知道自己可以隨意翹掉加油站的工作，但那反而會使他進出監獄。戴普宣稱自己在

第一章

初來乍到

14歲時就把較容易上癮的毒品戒掉，然而他卻不可能放棄抽菸和喝酒。因為在戴普早年的日子裡，發生了一件具有創傷性的意外事件，這讓戴普從一個終日流淚的少年，完全轉變成一位有生活重心、目標的年輕人，接著冷靜的追求人生目標到成功。

戴普的父母，老約翰和貝蒂蘇，在他15歲時離婚。這是貝蒂蘇第二次的失敗婚姻。強尼是老么，也是最後一個離家獨力生活的孩子。「我還記得父母親爭吵著小孩子到底要跟誰生活，如果他們離婚的話。」戴普回想起這一段傷心的往事。

他選擇與母親生活，他把母親的名字以心形圖案圈住，刺在左手臂上，右手臂上則刺上印地安酋長的頭，這是他與卻洛奇族親密關係的縮影。戴普在12歲時發展出以刺青來自我療傷的興趣，這正是他父母分開之前。刺青代表內心混亂的一種行為，年輕人中特別常見。「我記得在我的手臂上刻的是我名字的縮寫，」他說，「爾後我常常嚇到自己。就某種程度來說，你的身體是一本日記，而傷疤就是其中的一篇。」

儘管父母離異帶來情感上的波動，戴普對他們兩人還是一樣忠誠。「他們是我人生中最重要的人。你是知道的，我可以為他們而死——如果有人要傷害他們或者是我的朋友，或我所愛的人，我會吃了他們的——即使可能會被關500年。」

他沒有脫離父母離異的情感傷害，而是轉向依靠哥哥丹恩及姐姐克莉絲蒂。「我的父親（帶著我另一個姐姐黛比）離開，這深深的傷害我母親。這對一個家庭來說真是個難以平復的傷害，所以我們盡最大能力緊緊地依靠彼此。」離婚的家庭對年輕人造成情感上的錯亂，這使得戴普的心理充滿不確定感。他開始把自己當做是局外人，學校課業不及格，還得到怪人的稱號。父母失敗的婚姻讓戴普再次驅使自己為生命下定義。這個令人煩惱的時期，他要為做什麼事業或成為什麼樣的人做準備，還得為沒有行為能力的關係做承諾。

在佛羅里達，戴普最好的朋友是薩爾珍科——曾參與電視影集《龍虎少年隊》演出；《你看見死亡的顏色嗎？》（Dead Man）中伊吉保柏（Iggy Pop）角色的靈感來源；戴普在好萊塢日落大道夜店（Viper Room）的經理。高中輟學前不久，戴普搬離開母親，由於薩爾沒有地方可去，而戴普不願讓朋友有被遺棄的感覺，於是便與薩爾一起住在車子的後座，此舉，也可以讓他逃離父母離異的創傷，同時開始自己的生活——即使是一個髒亂的地方。在戴普稱為家的1967年份的黑斑羚（Impala）

17

後座裡，堆滿著空的啤酒罐，而這兩個男孩則在那理吃著從7-11偷來的三明治。

戴普終於在1979年從高中輟學，放棄課業，與小鬼們樂團投入到搖滾樂。他們從最基層作起，做主打歌，替其它較大樂團作暖場表演──但戴普的心中有更大的企圖心。小鬼們開始作自己的作品，曲風有點像U2樂團，但參雜一點性手槍樂團（Sex Pistol）的成分。小鬼們樂團在佛羅里達還蠻有名的，他們還替更有名B52s樂團及Talking Head樂團作開場暖場演唱。

「我在佛羅里達的搖滾樂俱樂部表演，」戴普回想著他的搖滾樂如何開始。「我未成年，但他們讓我從後門進去表演，但必須在第一場之後離開。這就是我的生活，一個晚上賺25美金。我們偶爾也會賺到2100美金這麼多，但必須與所有的團員及其他的工作人員平分。」

「18歲時，我們與伊吉保柏一起作節目。作了兩次節目以後我喝醉了，真的很醉。俱樂部關門後我去了酒吧。真的不知道我已醉到快要吐，還是怎樣，接著我看到伊吉穿著一件很緊、很小的褲子，帶著一隻狗在酒吧流連。不知為何，我開始對他大聲叫，還吼了『幹XX』的話，我不知為甚麼，因為我一直很崇拜他。然後他走向我，盯著我看，我以為他要打我。然後便說，『你這討厭的傢伙』，就走開了。」當時戴普將要與伊吉在電影《Cry Baby》中再次合作，之後他們一碰面便討論起這個意外事件。誠如戴普所說，「相同狀況下，我可能會像你一樣，但或許情況更遭，甚至大打出手。」

1983年，戴普在當地還算是位出名的樂手。不過，20歲的他即將開始人生的新冒險：婚姻。羅莉安‧艾莉森（Lori Ann Allison）一個25歲的樂手，是小鬼樂團中，某位團員的姐姐。他們很快的在一起、結婚，為出唱片的事四處遊歷。當他們開始了解美好的生活是永遠不可能發生的之後，壓力開始出現。

「你是知道，我結婚才20歲。那是一種很強的契合關係，不管有沒有愛。一生中可能只有一次──或許兩次，如果你很幸運的話。而我在30歲前，我竟不知道我有過這樣的經驗。」這話反映出戴普的第一次婚姻，也道出戴普享受過浪漫的生活經驗。「記得我在7年級時，被認為是腦袋燒壞小孩。我很迷戀一個很受歡迎的女孩，我盯著她瞧，已經超越了羅密歐與茱麗葉的境界，我幾乎可以為她咬舌自盡。上了8年級時，我們一起參加了許多派對，在那裡發生了性行為。我們發生了關係，我很快樂。但在那之後，有過爭吵，她為了足球隊員離開我。

幾年過後，我從高中休學，到俱樂部表演。當我在舞台上表演時，放眼望去，

我好像看到……『操，是她！』接著，我完成表演之後直接走到她所坐的吧台，就是那張面孔，哇！真是令人難以置信，『很開心在這裡見到妳』我說，然後看著她，她重達250磅，真像一隻長毛象，但她的臉還是一樣。『天啊！真的很高興見到你──你生了幾個小孩？』她有四個小孩子，對傷了當年還是小孩的我來說，這真是個恰當的報復。」

從荒涼的郊區成長背景，到四處充滿機會的好萊塢，戴普的成長過程和羅莉安·艾莉森有著相當大的關係。「我想我對婚姻是有著很傳統的情愫──當男人與女人決定一起生活並有小孩，諸如此類的生活──然後，過一陣子我要把我父母在我小時候時分開的錯事導正，我認為我可以做得和他們不一樣。我有正確的想法，或許時機是錯的──對象也不對，但我不後悔，因為我很愉快，而且學到很多。」戴普簡單的說：「但它沒有成功，後來我們結束了婚姻關係。」

與羅莉安·艾莉森結束婚姻關係之前，她、戴普和小鬼樂團一起到佛羅里達做最後一次巡迴之旅。之後他們重新落腳於洛杉磯，最後一條通往搖滾樂名聲全力以赴的道路。「唐雷恩（Don Ray）是好萊塢皇宮（Palace）的樂團表演預約人，他認為我們應該出來演出，」戴普解釋的說。「他想要成為我們的經紀人，所以給了我們一些錢，我們則省下一些錢作為前往好萊塢的旅費。」

在好萊塢表演並不像小鬼樂團想的那麼簡單。「那是很恐怖的，」戴普在interview雜誌訪談中向華特斯承認。「在那裡有好多人抽成，要賺錢是不太可能的。所以我們都有兼差。我們用電話推銷商品。電話行銷，一個星期賺美金100元。我們把人們剝了一層皮。我們告訴他，買了多少錢的商品就會送古董鐘。如果他們訂購了等值的產品，我們就會把那便宜得要命的古董鐘送給他們。這真是很糟糕！」

戴普也透過電話賣一些個性化的鋼筆來賺錢。「我的第一份表演工作，」這是戴普第一次發現演戲是可以賺錢的職業，這也讓他轉行當演員。「白天電話行銷鋼筆可以賺美金100的週薪，然後我想到有沒有什麼是我失去的？」。畢竟，戴普不是真正想做行銷人員。「最後幾次我真的還繼續做，然後我對自己說，『聽著，你根本並不想當行銷人員。』」

小鬼樂團的演出計畫不大成功，到那裡都不可行。在LA的旅程中，他們仍重覆做著在佛羅里達時所做的事──只是替名氣較大的樂團暖場，仍然沒有被看重。「我們在LA做得不錯。」戴普宣稱，「我們替巴士男孩（Bus Boys）及比利艾鐸（Billy Idol）暖場。」但對戴普及羅莉安·艾莉森而言，似乎沒有流行音樂的事業可

做，他們的關係也就得劃下句點，於是1985年，戴普22歲時，他們以離婚收場。戴普深感罪惡，他認爲他重蹈父母7年前分手的錯誤。這段失敗的關係對他的音樂事業像是在棺材上釘上最後一根鐵釘。或許是到了轉換跑道的時間了。

戴普和艾莉森是在和平的狀態下分手的，之後艾莉森開始和演員尼可拉斯凱吉（Nicolas Cage）交往——導演及製片法蘭西‧柯波拉（Francis Ford Coppola）的姪子，於是在艾莉森介紹下，戴普和凱吉成爲朋友。凱吉建議他嘗試演戲，接著讓他和自己的經紀人連絡。結果戴普接到第一個試鏡通知，是一部低成本恐怖片《半夜鬼上床》（A Nightmare On Elm Street, 1984）的演出機會。

偉斯克里文（Wes Craven）是1970年代以製作低成本恐怖片起家的導演，他曾改編英格瑪包曼（Ingmar Bergman）的復仇故事《處女之泉》（The Virgin Spring）爲《魔屋》（The last house on the left）而受到矚目。克里文籌備了一部關於夢魘而離奇死亡的影片。他想出了以手指爲剃刀、有著傷疤的殺人魔佛萊迪庫克（Fredy Krueger）角色。此時，他需要一些年輕人來扮演被惡魔追殺的角色。

希瑟蘭登坎普（Heather Langenkamp）在此飾演女英雄南茜——在影片最高潮處唯一逃離佛萊迪追殺的人，南茜的男友一角，就是戴普所試鏡的角色。在試鏡前，戴普試著說服友人過來待個兩天，教導他如何演戲和背台詞。

劇本中的角色說明讓戴普感到無聊，「我只是不像是偉斯爲故事所寫的角色。」戴普稍後解釋。「他所寫的劇本是一個高大、金髮，在沙灘上騎馬、打美式足球的那種傢伙。而我是很瘦的人，高聳的髮型噴了滿滿的髮膠，戴耳環，像是住在墓穴的人。五小時之後，經紀人打電話來說，『你當演員了！』」

還有另一個戴普勝出的原因，那就是克里文的女兒對年輕的戴普感興趣。這個先前可能的搖滾樂手的戴普，自此發現他姣好容貌竟然也會爲他從電影角色帶來名聲及財富。克里文讓女兒及她的朋友來參與評選，她們從所有參與試鏡的人中選出了戴普。「他有著其他演員所沒有的魅力，」克里文導演的觀點來說。「強尼眞的有詹姆士狄恩般的吸引力，他有非常突出的個性。我那青少年女兒和她的朋友們在閱讀報章雜誌時，會很快的翻到他那一頁。他對女性而言眞的帶有性吸引力。」

戴普的第一部電影是要扮演葛蘭藍堤茲（Glen Lantz），這個角色無法保持清醒，因此無法逃離夢到殺人魔的夢。他在床上睡著，被佛萊迪凌虐然後讓床吞噬及摧毀，接著把他撕裂於血泊中。戴普在第一次的螢幕死亡的戲，就此展開。克里文以旋轉方式來達到完美、無破綻的效果。導演及攝影師坐進了特別爲旋轉房間建造

戴普第一個演出的角色是《半夜鬼上床》女主角的男朋友，也是佛萊迪第一個殺掉的被害人。

的Datsun B-210座位中，接著戴普表演。這個房間開始和110加崙的血液替代品（水和上澱粉及染料）一起旋轉，血液從床上開始冒出來，最後以血液往上噴做結束。

「我喜歡這種東西，」戴普告訴專門報導恐怖片的《Fangoria雜誌》，「這個小孩睡著了然後就什麼都完了，他被吸進床裡然後床冒出血來。他沾滿血的身體此刻也升起然後倒下來。我聽到有人說要用假人從床上彈出，但我卻說，『嘿，我要自己拍這一幕！真有趣，讓我來吧！』」有報導說一部電視劇同樣的從床上射出骷髏頭，但不是屍體。在之後發行的電影中，也沒有任何一幕鏡頭以這種方式拍攝，有的只有100加崙血而已。

不是只有片中的出色演技讓戴普脫穎而出，每個在半夜鬼上床的人都嚇壞了，「天啦，這小子有刺青。」戴普在10年後回想起來，「然後刺青就大流行。」這說起來好笑，因為人們在10年後就開始後悔刺在身體上的圖案。

這部低成本的電影於1984年7月完成，首映定於1984年10月。但是編劇和導演克里文與製片人羅伯沙耶（Robert Shaya）對結尾有爭議。沙耶希望結尾有一個明

確，但餘波盪漾的懸疑情節可以用來籌劃第二集，然而克里文卻希望電影是獨立的。克里文聽從沙耶的意見，十年中陸續與沙耶和New Line Cinema公司為所有續集爭論不休，直到偉斯克里文最後導演的佛萊迪系列影片《New Nightmare》（1994）為止。

戴普在為期6個禮拜的《半夜鬼上床》拍攝中，賺了每週1200美金的薪水，這是他第一次靠自己的成功演出賺到錢。「我從沒經歷過這樣的事。這令我覺得很驚訝，因為有人願意付給我這麼多錢，而這只是工會規定的片酬。」戴普並沒有期待因為演出葛蘭一角而馬上成名，因為到最後，大家只知道他是被床吞噬可憐的小孩而已。「我被吸到床裡面。當佛萊迪是你的對手時，你會得到什麼樣的影評？強尼戴普演得好，就只因為死去的那個男孩的角色？」無論如何影片確實得到不錯評價，但最主要還是針對導演克里文及飾演佛萊迪的男主角。

然而，針對啟用戴普等這些新人，克里文樂見其成，「每個人都比以前更進步了，這讓我很滿意」他表示。

「我只是繼續工作，這邊做一點，那邊做一點，」戴普說出他在《半夜鬼上床》的演出機會，「我通常在片場的閣樓研讀劇本。」很明顯地，從戴普決定上演員訓練課一事就可知道，戴普已看出演戲比當一個音樂家有前途。小鬼樂團解散了，在戴普轉換跑道之後，團員們加入另一個叫「Rock City Angels」的樂團。但小鬼樂團的團員們並不高興，「他們很生氣，」戴普很冷靜的說，「他們到現在可能還很恨我。」

戴普希望他的下兩部戲不要出現在他的演出履歷中，這代表他不希望這個角色讓現在的影迷看到。第一部是性喜劇，叫《Private Resort》。這部戲是在佛羅里達拍的，可以讓戴普回到家鄉。這部戲的劇本由高登米丘（Gorden Mitchell）所寫，導演是喬治鮑爾（George Bowers），《Private Resort》是1980年代典型的性喜劇，是一部沒啥看頭的世俗劇。強尼戴普飾演年輕的性感男人傑克，他花四天的時間和朋友班待在邁阿密的渡假屋中，班是由勞勃摩洛（Rob Morrow）所飾演——一個年輕演員，後來在《益智遊戲》（Quiz Show）中及《Northern Exposure》電視影集中擔綱演出。影片開始便是一群幾乎沒穿的比基尼女郎圍繞在游泳池畔，這很明顯的是部《海灘遊俠》（Baywatch）影集的雛形，但對傑克或班來說，《Private Resort》這部戲簡直是天堂。

第二部戴普想從他的拍片履歷中除名的是次年為有線電視拍的《邊城奪寶記》

（Slow Burn）。它是一部仿希區考克的驚悚片，由艾力克羅勃茲（Eric Roberts，茱莉亞羅勃茲的哥哥）和貝弗莉迪安吉羅（Beverly D'Angelo）主演，製片是喬薛馬歇（Joel Schumacher），導演是馬帝查普曼（Matthew Chapman）。《邊城奪寶記》是根據亞瑟里昂（Arthur Lyons）的小說《燃燒的城堡》（Castle Burning）改編而成，全片描繪富豪與名人在棕櫚灘上的生活，也是欲喚起1940年代黑色電影精神與氣氛的影片，然而這個訴求，卻因為在充滿陽光的加州拍攝，以致於完全破壞殆盡。

　　戴普剪了一個比在《半夜鬼上床》及《Private Resort》中還蠢的呆瓜頭，他演東尼（Donnie），是百萬富翁丹海達亞（Dan Hedaya）之子。艾力克羅勃茲則飾演雅各亞許（Jacob Asch），一個曾是記者而現在則對小玩意著迷的私家偵探。他受雇於藝術家吉羅德麥克馬崔（Gerald McMurtry），前來尋找嫁給海達亞的前妻（貝弗莉迪安吉羅飾演）。愛蜜莉隆史翠絲（Emily Longstreth）則扮演戴普的女友，她在《Private Resort》中飾演勞勃摩洛的女友佩蒂。戴普和隆史翠絲在當時是很好的朋友，他們很高興再次合作。

　　在議題上，雖然《邊城奪寶記》比其他電視影集著墨較多，但仍落入俗套。這個演出對年輕的戴普來說如同行走在水上一樣，受到極大限制，而且沒有挑戰。然而，這個高中小孩的角色卻是他演出電視影集《龍虎少年隊》的跳板。

　　對《邊城奪寶記》及《Private Resort》而言，戴普認為沒有什麼可說的。「剛開始拍片時拍了一些爛片，我不會覺得不好意思，當時我不認為自己會成為演員，充其量不過是想謀生而已。我還是個樂手，起初以為有不錯的機會，但當樂手不會有其他賺大錢的方法，除了不法勾當之外——我不相信他們能付我這麼多錢。」戴普樂於承認。

　　《邊城奪寶記》是那幾年戴普演出主要的影片，之後他則在電視圈繼續演藝生涯。這個年輕演員已經準備好來迎接自己的青少年角色，在演出《半夜鬼上床》的格蘭、《Private Resort》的傑克，及《邊城奪寶記》的東尼時，他們都真實反應了戴普的真正個性——他只是依自己的經驗演出，而這將改變他日後的角色選擇。「他的成長背景深深地影響他在電影角色的選擇，孩童時期了解到自己是誰，但角色的選擇則是他要的演藝生活，」他在《亞歷桑納夢遊》（Arizona Dream）及《這個男人有點色》（Don Juan Demarco）的搭檔費唐娜薇（Faye Dunaway）在談到戴普時表示，「不管戴普發生什麼事，都是他獨特的個性造成的。」

　　解散樂團和演出《半夜鬼上床》，讓這個年輕演員受到注意。除了較差的《邊

城奪寶記》及《Private Resort》角色外，強尼戴普認為自己已經可以開始從事演藝工作，加上他發現演戲不僅容易得多，而且酬勞也多——至於前景，他只要找找洛杉磯週遭可能發生事情，就可以把它在電影中大大的吹噓一番。

然而，他沒有馬上有戲可接，貧乏的演出經驗讓戴普有將近一年的時間無法找到新工作，「沒有劇本上門，」他說，甚至考慮要放棄，直到來了一部可以創造和提升他專業能力的《前進高棉》企劃案。

《前進高棉》是導演兼編劇的奧利佛史東（Oliver Stone）的親身經驗，他是越戰退役軍官。史東回到美國後，發現大家不怎麼歡迎他們，也沒有慶祝會，只有沒誠意的妥協和敗戰的恥辱——取而代之的是國家也忽視他們。

史東第一次寫的劇本並沒有拍成電影。「我認為批評戰爭的手法太嚴厲了——太恐怖、太真實，到處都被拒絕。」史東回憶著說。《前進高棉》無法得到任何美國片商和獨立製片的資金援助，最後只好求助於英國片商和歐洲的金援來拍攝——在開拍之前被認為是反美國的電影。

查理辛（Charlie Sheen）演出19歲，自願被送到越南的美國步兵，到了越南後卻發現自己身處在兩個軍官的戰爭中：「惡魔」巴恩斯（湯姆貝林傑 Tom Berenger）和好長官伊萊亞斯(威廉達佛Willem Dafore)。劇情集中在越戰時的軍人身上，而不是美國出兵東南亞的對錯問題。於是《前進高棉》的成功，引發一大群人抄襲、籌拍戰爭片。

「我去奧利佛史東那兒去面試，他讓我害怕，」戴普說。「我讀著劇本，他說『OK，但需要到叢林10個星期，』這真是很棒的經驗。」2個半月在菲律賓叢林，戴普聽起來像是度假，但他不知導演史東已為他的角色安排嚴酷的訓練。不只是要演出軍人而已，而是要像軍人一樣。

從好萊塢、紐約、德州、田納西州和菲律賓來的30位演員，完全不知道自己13天的訓練是困難，不馬乎、嚴酷的訓練。「我所設計的訓練是很困難的，絕對需要體能的，」戴爾（Dale Dye）解釋，一位越南退伍軍人。「我只相信，一個男人要能應付嚴厲的叢林戰鬥，唯一的方法就是體驗它。」戴爾後來也在電影中出現。

距馬尼拉60英哩的叢林，是戴普訓練成為步兵的開始。穿著寬鬆的軍服及叢林靴，年輕的演員都拿到一組「身分識別證」：步槍、刺刀、雨衣、手電筒及紅外線偵測器、水壺及其他步兵裝備。在叢林裡，日子一天過了一天。戰地訓練要戴普和另外兩個演員一起躺在散兵坑中，這是他們自己挖的——用手。這是戴普第一次海

外拍片的經驗，他或許期望豪華的休息室及名廚的料理，然而，取而代之的是補給品和用塑膠袋包裹的肉片、冷的熱狗，或者勉強可稱爲豆子的東西。在這裡，事先準備的漢堡餐就是一頓美食。而每一天的訓練包括了M16步槍及無線電操，加上由奧利佛史東引導的鏡頭研究及角色分析。

戴普很快就適應攝氏38度高溫的天氣，還有悶熱的濕氣、灰塵，更有一大群的紅蟻，以及純粹的精疲力竭。他聽過傳說：戰爭就像是地獄。《前進高棉》的訓練已告訴這個年輕的演員，即使是演戲，其實已像在地獄中。戴普可能會感到更難過的是，如果他知道自己的角色林納（Lerner）──單位的傳譯兵，會在後製中被剪掉許多的話，那他可能會在完整的電影片中增加了很多曝光機會。

當影片在後製剪輯時，強尼戴普演出的傳譯兵林納，可說是受害最多角色。史東似乎對後製剪輯所下的決定有一些後悔，後製的編輯過程中有一些不可避免的妥協過程，而這會削弱原意，同時限制了演出者的表現。

《前進高棉》成爲1987年2月在美國上映的最高票房電影，證據顯示它改變了美國大眾對越南戰爭的一般印象。過了2月的第一個週末，全美不到600家戲院的票房銷售成長到810萬元。對一部片商不想投資的越南戰爭片來說，這是不錯的票房。Orion是美國在地的配銷商，它在1986年12月電影上映初期，只安排了紐約、洛杉磯、多倫多的6家戲院裡上檔，此舉讓想觀看影片的人口耳相傳。這種慢動作的上映方式，誘導許多報紙做專欄報導，同時引用電影情節來討論美國在越戰角色中，許多懸而未決的問題。

影評甚至說《前進高棉》是最有可能贏得奧斯卡大獎的影片。終於，輿論四起，奧利佛史東抱走四座奧斯卡獎最佳影片、最佳導演、最佳音效和最佳編輯。然而對史東來說越戰已經過去了。在他後來的影片製作生涯中，還有新的輿論要面對。

1987年，戴普的浪漫愛情生活又再次出現。他與一位魅力十足的年輕演員雪洛琳芬（Sherilyn Fenn）交往，當時她17歲，戴普23歲。儘管他的前妻大他5歲，但在此之後與他有關係的女人年紀都比他還小。

他與雪洛琳芬的關係分分合合──她僅在演出怪異電視影集《雙峰》的這個性感肉彈角色時，比較出名。他們的交往到1988年，直到他演出《龍虎少年隊》韓森（Hanson）的中期爲止。「我們兩個都沒有出名。」這是戴普對他們兩年關係下的

註解。

戴普非常清楚他對這些早期關係的印象，但卻對青少年雜誌說他私人生活混亂的報導感到不悅——它們只想知道他和誰睡覺。他說到以前的關係：「我並不後悔任何一段關係。我有過美好時光，但報導大部份都是不正確的。他們所塑造的我的形象，和我本身一點關係都沒有，但卻有權力傾銷這些消息。赦免那些造謠的人吧！我是個老古板的人，要婚姻及小孩。」

即使戴普很容易被一夜情所惑，但他描繪與雪洛琳芬在一起的時光還是非常美好。「我常在想，我是個肯關心別人感受的人，當我還很小的時候就被訓練要盡力做任何事。我是浪漫與現實的綜合體，對某些觀念而言，我還是很現實的，一心相信即使在一個每5分鐘就有人離婚的社會裡，還是有人可以維持50或75年的婚姻關係，就是會有這樣的人，而且過得幸福美好。尤其當我看到一對夫婦慶祝他們75週年結婚紀念，我認為真是不可思議。」

在與異性相處的那段時間，戴普不管其他人的感受，用自己的方式過生活。似乎是父母的離異，讓他不願對婚姻關係作承諾，也不願走上離婚之路。在婚姻的遊戲中他已失敗過一次，並不想再次跳入陷阱。「當我看到有人追求夢想然後成功，只做著他們想要做的事然後又不必傷害任何人、回答人任何問題，真是棒極了。」很明顯的，這是為他自己乖僻的行為作辯護。

1987年，強尼戴普首次嘗到成功的果實，這是當他得到電視影集《龍虎少年隊》主角角色的同時。這是一部以偵探為主軸，原先叫《Jump Street Chapel》的影集，由史帝芬傑坎尼爾（Stephen J. Cannell）製作籌劃，他也是《天龍特攻隊》（A-Team）影集的製作群。這個影集由編劇派翠克哈斯伯（Patrick Hasburgh）所寫，哈斯伯要戴普飾演主角湯姆韓森（Tom Hanson），但戴普卻在沒看過劇本的狀況下一口回絕。因為拍過《前進高棉》這部口碑佳片，即使片酬很吸引人，沒接觸過新的電視影集，賭注算是很大。所以戴普一開始並沒有接演此片——對於接演長態播出的電視影集感到相當矛盾。

「我接到經紀人的電話，他說『這些人希望你來看一看這個電視劇本，』我回答『不、不要！』我不希望簽一個一年的長約把自已綁住。所以他們就找其他人來拍，然後在一個月後就把他開除，然後他們又打來找我『可不可以來接拍？』我的經紀人說『每部影片一季是13集，一季好了。』於是我就說好！」

製作公司承諾先試片，於是先去找另一個年輕演員，就是已經被遺忘的傑夫亞

強尼戴普在奧利佛史東的《前進高棉》電影中飾演傳譯兵林納，然而多數的戲份在後製中被剪掉。

佛（Jeff Yagher）擔任此角。三周後，他出局了，此時製作人又想到戴普。由於福斯電視網即將壯大，《Jump Street Chapel》有拍成影集的潛力，於是他們擬了更多集數，然後把片名改爲《龍虎少年隊》。電視網及製作人同意主角應該由戴普出任，所以他們再去找他，說服戴普簽定可能綁住他幾年的一個案子。最後，因爲對《前進高棉》剪片的失望，戴普選擇了安定。

　　製作人派翠克哈斯伯知道他們找對人出任主角，因爲戴普有著與生俱來的沈著個性和對青少年而言的潛在吸引力，所以製作人認爲這部戲一定會成功。眼下的工作就是把他們塑造成明星。「讓我震驚的是當他試鏡時，一點都不緊張。他就是他自己，有自己的風采，有著不尋常的特質。他也是我合作過最好配合的人。」監製史提芬皮耳（Steve Beers）說。

　　第一步就是完成已中斷的第一集的拍攝，把強尼戴普的角色湯姆韓森介紹出來──一個在高中臥底的警探。試片把韓生詮釋成了一個麻煩人物。戴普是第二代20多歲的警探，他的青澀長相讓他看起來只有15歲──和轄區警探和壞蛋比較的話，於是同僚和罪犯們看輕韓森，讓他漸漸墮落──他只不過想要像爸爸一樣成爲好警

探。

　　韓森的長官給他一個選擇：文職，或是加入臥底的精英部隊。辦公室是一間老舊的教堂，這些看起來很年輕的警探滲透到高中校園中，把那些翹課賣毒品的學生揪出來。於是韓森選擇當臥底，為了這個任務，他必須重新當一個青少年。《龍虎少年隊》以1974年洛杉磯一件具爭議性的真實案件為藍本拍攝。1986年，即影集播出前一年，青少年反毒專案成為新聞頭條，因當時真有一個臥底警探與一位17歲的學生發展出戀情。

　　戴普發現他要搬到加拿大的溫哥華來拍攝此片。幾個月過去，他適應了環境，也試著要說服母親貝蒂蘇和他的繼父搬過來和他一起住。而他童年時的友人，薩爾珍科也北上來拜訪他，薩爾珍科幸運地被《龍虎少年隊》的製作團隊相中，成為半個正式演員。

　　戴普對他所演出的角色並不十分喜歡。「韓森不是我會想要和他一起坐下來吃比薩的人，我並不相信會有高中生臥底警察——那是間諜吧。我唯一認同的是湯姆韓森和我長得很像。」當時，他每集的酬勞是美金45000元，這是製作群把他隔絕在溫哥華每天拍攝14小時的代價。有個朋友可以證明戴普似乎不喜歡演韓森——彼德戴路易士（Peter Deluise）。「『如果彼德沒有參與演出，我馬上瘋掉， 不然就是跳河落跑。』他真是我的救世主。」

　　為了克服寂寞及孤獨感，他說服雪洛琳芬和他一起到溫哥華住。他甚至安排她客串第9集。雪洛琳芬演一個警員的女兒，宣稱她的父親虐待她，所以想雇用韓森，他和搭檔一起臥底，假裝要與毒犯作交易，進而殺死她的父親。雪洛琳芬的演出並沒有威脅到戴普，但她的確流露出無可限量的前途——稍後在影集《雙峰》及1990年後期活躍演藝界。

　　《龍虎少年隊》的成功，讓戴普來不及準備好的就是：奉承，但他一定要盡快習慣。預期蜂擁而至，製作人企圖慢慢的將戴普介紹給青少年族群的雜誌。「他們來找我，『我們希望你為我們的雜誌做專訪，』我問，『是哪些雜誌？』他們說，『Sixteen！Teen Beat！Teen Dream！Teen Poop！Teen Pist！Teen Shit！』」戴普在影片拍攝初期都乖乖的聽話，穿著破的牛仔褲及黑襯衫、拿著槍，看起來悶悶不樂的為無數的攝影師擺POSE。然後回答一些愚蠢的問題，如最喜歡的顏色，接著記者胡亂寫一通，相當簡單地把戴普介紹給觀眾。「那些事真不是我能控制的，受大家

喜歡是件好事，但眞的令我很不舒服。我從來就不喜歡成爲焦點，它同時也帶來私領域的問題。」

派翠克哈斯伯覺得戴普配合得非常好，當1987年4月影集開始播出時，幾乎可以造就一位一夜成名的明星。「就影劇圈的慣例而言，當一個影集開始受歡迎，演員就會變得難搞，但戴普沒有。他曾經在戲中把他的內衣點火，只是因爲有好長一段時間沒人清掃他的化妝間。影集的成功可能阻止強尼接其他影片，但他卻表現得很沈著，冷靜得讓我想像他一樣。如果我在他那個年紀，看他的所作所爲，我應該會馬上昏倒，因爲到處都有女孩尖叫似地跟著他。」

「好可怕！發現自己是百萬人的幻想對象，」戴普說，「眞是可怕！人們走近你然後開始哭了起來。每個人都拿他與詹姆士狄恩（James Dean）比較，如果幸運的話他們會提到白蘭度（Brando）或狄尼洛（Deniro），他們立即把你定型。」

在主要時段裡，《龍虎少年隊》馬上變成美國14-34歲女性最常看的影集。戴普不久之後就發現自己的名氣因影集《天才家庭》（Family Ties）的米高福克斯（Michael J. Fox）而相形失色。最大的指標就在於他那年輕的觀眾後來成爲米高福克斯的影迷。

「比米高福克斯、查理辛（Charlie Sheen）、羅伯洛（Rob Lowe）還多，強尼戴普是我們客戶中收到郵件最多的人，」郵務員的代表說道，他們是洛杉磯一家替明星處理郵件的公司。「我認爲一個月有超過一萬封。當然，演電視的會比演電影的多。」

戴普承認，「我收到很奇怪的信，自殺的，女孩威脅如果不回信就跳樓。你認爲呢？『這眞是胡扯。』然後你再想一想，『如果你沒這麼做，』誰想要試一試呢？我給他們回信，要他們挺住──如果情況很糟，試著讓他變得更好。但我自己也不是那麼的穩定，我要從誰那裡去獲得建議。」信件的內容從好玩到非常令人擔心的都有。「小孩子寫信給我，說他們有這些問題，他們想要自殺或作其他可怕的事，眞是令人害怕。我必需要說，『聽著！我只不過是一個演員，不是一個專業心理醫師，如果你需要幫助，要去找心理醫師。』」

《龍虎少年隊》成名是美國一種現象。演員們在市區讓影迷團團圍住，如同在1988年的芝加哥，演員們被一群尖叫的男女青少年迎接，拚命地想要偶像的相片，特別是孤獨的強尼，他被兩個強壯的保鑣保護，由豪華禮車接送快速駛離人群。戴普爲美國青少年雜誌《Tiger Beat》及《The Big Bopper》作專題採訪。他被滾石雜

誌選為1988年的Hot Face，另一家美國雜誌則稱他為10個最性感的單身男人之一。

　　戴普發現他不喜歡配合「行銷強尼戴普這個角色」。很快地，他對影集感到沮喪，對自己被包裝的形象同樣感到失望。他把自己的感受進一步放到《Burton on Burton》的導讀中，這是《剪刀手愛德華》及《艾德伍德》導演提姆波頓（Tim Burton）一系列的訪談：「愚笨、迷失，如同被推入大海一般……電視小生、讓人心動的對象、青少年偶像、青少年殺手……自我陶醉、有個人專屬海報、裝模作樣、耍特權、愛打扮、整型……新面孔、靠背景的……」這讓戴普已無法忍受觀看這個影集，他已放棄讀劇本而只一味的死背。「我開始紙上談兵。我開始這麼想，『一年有365天，但其中的275天，我說著別人的話，那都是些沒意義的東西。我只剩90天作自己，說自己該說的話』。」

　　一開始對可能把自己困在影集不安的想法是對的，演出影集是提供安全感事後證明是個陷阱。他有想追求影片的抱負，但《龍虎少年隊》的合約把他困住。成功的演出韓森讓戴普的信心退回到演出《前進高棉》時。「我簽了6集的合約，但第一集播出前就已經後悔了。但這是我第一次可以自己付房租，不過我知道這些都是商業行為所致，我覺得自己像玉米穀片般被人拌啊拌的，完全沒辦法控制自己的生活。」

　　戴普開始對《龍虎少年隊》有個人想法，如果對劇本有意見，他拒絕拍攝，也試著催促製作人從報紙的頭條擷取出題材讓影集更有意義。私底下他則希望成為頭痛人物，而讓製作人把他開除——或是好萊塢的說法和他解約，如此一來他就可以回到電影的工作中。

　　「有一些事情是我個人和道德上不同意的。像是有一集我的角色要把一個十字架給燒了。這一場戲應該是要處理種族主義，但我不認為它是可行的——要我點燃十字架，這讓我很反感。最後，我還是做了，我不認為這個影集把這個議題做了正確的處理。」還有另一事件，讓戴普拒絕演出那一集，就是一個高中生被誤認為是告密者而被謀殺，而真正的告密者卻在人群中保持沈默。戴普認為影集的道德觀是含糊的。最後，他們把他每集酬勞45000元的角色給了理查葛瑞可（Richard Greico）作為處罰。「從一開始我就很擔心《龍虎少年隊》不會說教、不會罵人。我不是一

電視小生——戴普因《龍虎少年隊》的戲碼缺乏創造力和受限於青少年偶像的形象而感到壓抑。

《龍虎少年隊》臥底警探的人物定裝照。

個好人的典範，韓森也是個隨波逐流的人。」

　　製作人派翠克哈斯伯建議把戴普個人的背景加到影集中來演出。「他是一個跟影集角色有相同問題經驗的人。」但到第四季尾端，戴普覺得製作人已經無法真實刻劃他。「他們要我做一個公益活動的聲明就是：『嘿！我是強尼戴普，聽著！不輟學，對你和我們的世界都很好』，我想到，該死，我已替這些人工作四年多了，他們難到不知道我輟學嗎？我怎麼說服別人繼續在學校讀書？然後他們竟然說──我們忘了。」

　　戴普的確有參加一些與《龍虎少年隊》相關的公益活動，但他更積極參與和自己寫作、導戲等相關的公益活動，如預防愛滋病、拒絕色情書刊或種族議題宣導的短片演出，這是他第一次的幕後經驗。戴普後來還導了兩部公益短片，一是美國電視台的幫助受虐兒宣導，另一個是美國許願基金會。「這是一個幫助癌末病患的機構，他們寫信來說：『我的夢想是想見到強尼戴普，或其他的人』，然後我們就去拜訪他們。這聽起來令人心痛，但你會見到一些可愛的人們，用全世界我也換不來這樣的經驗。自尊心、金錢、事業，你都可以全部拿走，但面對一個即將死的小

孩，這些東西算什麼。」戴普一直和基金會保持關係，他在拍《艾德伍德》時還陪同一位11歲的小女孩到片場參觀。他同時也開始拍自己的短片。這個時期他懷抱著能在傑克柯魯亞克（Jack Kerousac）的《On The Road》電影版本中演出的野心，而這樣的野心一直延續到1990年代。他期望這會讓他的形象更寬廣，而且這也能讓他繼續沉迷在那個喜愛Beat Poet的年代裡。

戴普有些矛盾——任何關於他自身的問題，只不過是為了讓影片更好而已。「我覺得影集應該更深入探討至核心，像是種族問題及幫派暴力問題。電視有嚴格的限制，你能做的只有這麼多，但想要改變，只能去用爭取的模式。」戴普在1990年告訴Interview雜誌中表示，他會在角色裡加進一些想法。「我認為他們應該讓這個角色開始發瘋。因為，警察會讓人瘋掉。我認為他應該會精神錯亂，他們應該打破電視的禁忌，應該把他關進精神病院。」

《龍虎少年隊》的某一集裡終於有所改變。戴普所飾演的韓森到青少年精神病院去臥底——為了調查一宗由醫務人員提出，認為住院醫生施虐的告訴。韓森假裝生病又有毒癮，因為太有說服力了，所以醫務人員把他關起來，而拒絕相信他是臥底的錯覺。如果有更多影集這集一樣有意義，戴普可能就會在《龍虎少年隊》待久一點。「我在《龍虎少年隊》裡學到很多，」當一切都結束時，戴普就其經驗表示，「各方面來說對我都很好。他讓我成名，所以我不抱怨。如果你拍了這樣一系列沒有創造力的影集——其實是創造力並不存在他們的劇本中。所以我告訴自己在第一次機會中，我會照我想做的去做，而不是妥協。從那以後，我很幸運的做自己喜歡的事與和喜歡的導演一起工作。」

當電視小生給人的印象就是青少年偶像，即使在影集結束之後，他還是青少年雜誌重要的焦點。「每當有年輕的演員出來，他們就會替他貼上某種標籤，因此他們叫他『壞小子』或用『叛逆』的恐怖字眼形容他。那真是愚蠢至極。我只喜歡好玩及酷的角色。我若要演，一定可以拿到很多這類的劇本：配槍、接吻、為愛鬱悶、耍帥，這一類無聊事。這就是為什麼我願意接《Cry Baby》——它是一部嘲笑偶像及尖叫女孩們的電影。」

早期被定型這件事，加速了戴普的決定，那就是下一部戲一定要不同於上一部戲。他這個選擇怪角色的理論，可以回溯到他被貼上「青少年偶像」的標籤這件事。

青少年偶像的形象是戴普極力甩掉的，但他在溫哥華下了《龍虎少年隊》戲後的行爲，讓人認爲他把這個角色看得太重了。戴普在演藝生涯中有一連串被捕和幾乎觸法的事件——1989年在溫哥華被捕入獄。某個夜裡，戴普想到飯店拜訪一個朋友，這家飯店是戴普剛到這個城市的落腳之處，所以工作人員都認識他。然而，門口的安全人員卻決定不讓這個演員進來。

「他對我不敬，」戴普說這侵犯了我的權利。「他的屁股是被怎樣了嗎！對我大聲叫囂說，『我知道你是誰，但你不能上來，除非你是房客。』他所犯的錯，就是把他的手放在我的身上。我把他推回去，然後我們就纏鬥一陣子，最後我朝他的臉吐口水。」警察來了，但對戴普所說的不感興趣。他被關進溫哥華警察局裡一個晚上，蓋手印、拍嫌犯臉部照片。整件事，戴普只對自己在警局被拍的照片感興趣，後來他承認過錯而控訴就撤銷了。他自認，「我的脾氣是有點大。」這並不是戴普第一次因爲火爆脾氣而闖禍的事件。

在拍攝《龍虎少年隊》期間，戴普沒有給雪洛琳芬承諾，最後他也付出代價。雪洛琳芬回洛杉磯，雖然戴普也在週末南下，住在洛杉磯的chateau Marmont飯店，但距離卻是讓兩人無法承受。這也是戴普一直和其他女人鬼混的主要原因。

1989年，他與女演員珍妮佛葛蕾（Jennifer Grey）有了關係，媒體報導戴普與兩位女星雪洛琳芬及葛蕾在不同時間訂了婚（然而訂婚一詞通常是記者誇大形容不是一夜情的男女關係。）就像是讓人找出問題一般，他花名在外的名聲，快速流行到保險桿上的貼紙文字：「叭……如果你還沒和強尼戴普訂婚。」

這顯然是嘲笑他失敗的男女關係，然而，戴普還是宣稱對神聖婚姻的敬畏，以及把它視爲最終的目標來追尋：「我要結婚、有小孩、養幾條金魚、有割草機、有小碎石的車道，早餐吃甜甜圈。」但他還是表達，不願放棄不受束縛和無憂無慮的生活。「我覺得現在的生活很有趣，而且我不是眞的很願意爲將來打算。」

戴普的不安全感似乎又出現了，他的兩段關係都失敗了，即使都論及婚嫁。他覺得被愛情困住了、被影集的角色困住了；總是擔心他會失去什麼，失去影片角色是因爲合約的限制、失去女人是害怕長期的關係。他要往前走，從《前進高棉》到《龍虎少年隊》再其它任何一件事；從雪洛琳芬及葛蕾再到更新鮮的人，這些都是他童年記憶的提醒，還有他破碎的家庭和離婚。戴普害怕事業和個人的失敗，這驅使他在事業及個人生活上，總是不停地往新的、不同的方向走，而代價就是安定

及孤獨。這個看起來像青少年、彼得潘的人拒絕長大。

　　他ICM的經紀人崔西賈克（Tracey Jacob）看出戴普對影片角色蓄意、不尋常的選擇。「離開電視影集，他沒有向右轉而是故意向左轉。『我選的這一條路比較不好走，而這會使一切都變得不一樣。』我會這樣形容他。」

第二章　拒當偶像 Cry Baby

強尼戴普所選的路，可從他第二次的電影機會中積極追求的角色看出，而這些角色連湯姆克魯斯（Tom Cruise）也不會考慮接。戴普和導演約翰華特斯（John Waters）合作，正是這個單純演員剛下的決定，也是他追求的理想。

Maverick電影製片家，約翰華特斯是1970年代橫跨到1990年代好萊塢主流商業片之間的獨立製片者。他有著專屬的黑暗、激進鋒利風格。與約翰華特斯合作，讓強尼戴普回歸到電影的拍攝，而設定的角色及導演方式也可讓戴普可以嘗試自我發揮。

華特斯被爭議小說《裸體午餐》（Naked Lunch）的作者威廉伯羅斯（William S. Burroughs），取了「垃圾教皇」的稱號。年輕的他早在1964到1967年間，便投入了8米釐及16米釐短片的拍攝。1972年，更因發表了《粉紅火鶴》（Pink Flamingos），這部讓肥胖的變裝癖藝人葛蘭米爾斯德（Glenn Milstead）吃狗屎的影片而惡名昭彰。「他（變裝癖藝人）不認為這對他的事業有害，因為他那時不認為自己有事業，所以當他決定開始演，就要做到最好。Variety電影雜誌稱這是影史上最噁心的影片，對我們來說這真是一件瘋狂的事，但又不那麼瘋狂，我不認為25年後我們會回頭談論它。」華特斯說道。

華特斯生於1946年的巴爾的摩城外，他的童年是由玩具車、迪士尼灰姑娘中的邪惡皇后裡堆砌出來的。上天主教學校讓華特斯乖戾的性格更加突顯。天主教學校告訴你不可做任何事，你偏會去做，這正是華特斯在美國1960年代想要做的事——因吸食大麻被趕出紐約大學，華特斯之後就選擇了電影事業，並透過葛蘭米爾斯德重溫自己的童年。

《綜藝雜誌》對《粉紅火鶴》的回應並沒有傷害華特斯與日俱增的美國驚悚影片製作人的名聲。1980年代，為了拓增觀眾群，華特斯開使潤飾自己的作品，之後，1988年，面臨籌款和好萊塢接受度等問題，他拍攝了一部描繪1950年代青春校園的玩笑片《Hairspray》。1990年，進一步諷刺1950年代的《哭泣寶貝》誕生，新加入的強尼戴普發現，這部影片是可以讓自己逃離劇情千篇一律的《龍虎少年隊》的最佳機會。華特斯認為《哭泣寶貝》是一部終極青少年罪犯愛情電影，描繪性、毒品和搖滾樂盛行的1950年代。於是，華特斯選定巴爾的摩（Baltimore）為拍攝現

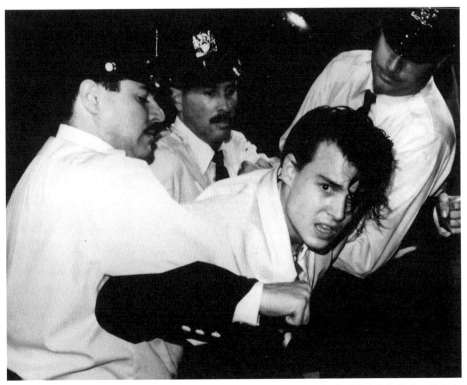

生活仿效藝術——戴普扮演《哭泣寶貝》的偉德渥克（Wade Walker）被關在牢裡好幾晚。真實生活中，戴普也因險些觸法而關進拘留所好幾晚。

場，時間設定為1954年。

　　自然而然地，這部1950年代青少年諷刺作品也必需是搖滾音樂劇，於是他想出一系列精彩、絢麗、好玩的音樂節目。「這是一部諷刺作品，」華特斯說，「敘述1950年代，桀傲不馴的青年人的玩笑片——除了與其它影片相反之外（替壞蛋加油，好人成為罪犯）。」

　　當時，華特斯失去了他的「女主角」迪芬（Divine），因為葛蘭米爾斯德在1988年《Hairspray》首演兩週後去逝。「當迪芬死掉之後就再也沒有關於男人打扮成女人的問題了。這真的不是問題……迪芬就是最好的表現。」強尼戴普再一次逃避在影片的角色中穿上女人的衣服，這真要感謝華特斯的決定。「《哭泣寶貝》是我第

一部『男孩子』的電影,這對我來說很有意義,因爲我一直想要拍一部關於這世代的電影。」華特斯說。

華特斯有一份檔案,上面註明他想要合作的男女明星,一旦劇本完成,他就會翻翻檔案找尋適當的角色。「我喜歡會退一步想,接著會會心一笑的演員。」到了要決定《哭泣寶貝》的主角時,華特斯決定參考當時的青少年雜誌,查看一下誰是1980年代的青少年偶像。「我去買了約20本青少年雜誌。眞丟臉!我把它們藏在夾克下。我回到家後開始翻找,發現強尼戴普幾乎是所有雜誌的封面。」

華特斯高興地發現戴普知道自己的某些基本特質和自身形象,這可以讓他們成功的合作。「強尼討厭成爲青少年偶像,所以我告訴他有哪些可以甩開形象的好方法,或者用任何一種形象開他們玩笑。我認爲他有勇氣這麼做,因爲他告訴我這是他見過最奇特的劇本,演《哭泣寶貝》,開自己形象的玩笑可讓他成功脫離偶像。」

《哭泣寶貝》導演認爲戴普穿著囚犯裝很好看,但戴普在1994年砸毀Mark飯店被關進牢裡之後,就不是那麼喜歡囚犯裝了。

　　對戴普來說，不可能有比拿到華特斯劇本更高興的事了。「《哭泣寶貝》來得正是時候，」他回想著說。「我尋找影片的構想已好一陣子，而且我的夢想也已經破滅了。大部份的角色不是平淡無奇，要不就很蹩腳。演出《龍虎少年隊》後的回響，讓我收到非常多劇本，然而卻和我希望的劇本完全不同。華特斯寄封信給我，接著我們見了面聊了一下，然後就給我一本劇本。我興奮極了，因為他不僅好笑，也同時取笑那些我們熟知的陳詞濫調和敏感的英雄角色們。」

　　對《哭泣寶貝》來說，約翰華特斯有主要片廠Universal及Image File的支持，這是一家由布萊恩葛瑞澤（Brian Grazer）及榮恩哈維（Ron Howard），兩人所共同經營的公司。葛瑞澤決定支持《哭泣寶貝》，但基本條件是要看一部華特斯先前的作品。「華特斯唯一的影片是《Hairspray》，」葛瑞澤承認說，「我喜歡它，它是我所見過最商業的電影，至於《哭泣寶貝》的劇本則完全令我著迷，因為那是1990年代通俗版的《西城故事》（West Side Story）。華特斯記得第一次與Imagine娛樂和選擇的演員的會議，「強尼穿著一身破爛衣服到這好萊塢的豪華辦公室。會議中他給我一個譏笑的眼神，在那一刻我就知道他可以做得很好，他知道整個影片的計畫。」

　　在好萊塢提升等級似乎衝擊著約翰華特斯。預算戲劇性地暴增，拍片的時間也延長。他先前的拍片工作總是在預期中進行，場景拍攝很快，不慌不忙的進入下一階段的拍攝。而今拍攝《哭泣寶貝》，他卻要應付一大堆好萊塢工作人員，「他們給我800萬美金的預算來拍攝影片，而不是一萬元，這真是讓我驚奇。我向外望去，看到這一大群人心想，因為這個可笑的構想，我給了他們所有人工作，不知怎麼的還有製作群。」

　　有人指責華特斯在《哭泣寶貝》還處在企劃中時，就把它賣掉了，他不承認：「每次人們有強烈反應時，他們會說『噢！我們比較喜歡有這個』，他們要強尼也吃屎。如果這麼做，這部片就不會有任何人看了。如果你為那一些已看過你影片的人拍電影，這就像那些左傾雜誌一樣——說服你改變自己的信念。對我來說唯一的挑戰是如何用我的幽默拍出好萊塢的賣座電影，《哭泣寶貝》確有此潛能。事實上就有一些人不喜歡我拍攝好萊塢電影，但對我來說真的只能大笑，這是一件極具破壞性的事。」

　　戴普深知自己接演此角色的理由——直指他演出《龍虎少年隊》時的沮喪。「主因之一是每個人把我看是穿西裝的混蛋。」他很喜歡演出此片，特別是導演鼓勵他對角色發揮創作力。「對一個主力完全在編劇及導戲的人而言，約翰對每個人

除了叛逆，還是叛逆。《哭泣寶貝》讓戴普毀了他在《龍虎少年隊》裡所建立的形象。

的意見及建議則是採開闊的胸襟。」戴普談到導演，「他是一個容易親近的人，沒有距離，也不會老是沉思。加入或刪除劇本等意見他都會聽，如果我在排戲時有問題，他都會為我示範，我的意思是，他會和我一起解決。與我合作過的其他導演中，很少會有人會為我示範，幫助我明白下一步該如何。」

《哭泣寶貝》中有11個音樂的角色，戴普發現自己青少年時期的樂團背景還蠻有利的──實際上他還是沒有機會為此片唱首歌，工作人員買了一位洛杉磯歌手兼作曲人的作品為強尼角色及音樂部份發聲，而他的音樂知識卻用在其它方面。他和

《哭泣寶貝》裡的社會邊緣人——包括右邊數來第二個的叛逆青少年，戴普。

影片的音樂顧問一起深究樂團角色，並參與吉他、揚聲器及其它配件的選購。

《哭泣寶貝》影片讓約翰華特斯完成小時候的願望。「最重要的是《Cry Baby》正式選為參加坎城電影展的影片。午夜場的票全部賣出，觀眾起立鼓掌，他們真的喜歡它。我和工作人員們站在紅地毯，徘徊在攝影師之間，那真是無上的榮耀。那是我14歲就有的夢想，《Cry Baby》對我來說真是不錯的經驗，在我所有的電影拍攝工作中它是讓我最快樂的。當然，一定還會有些問題，但是大家都快樂的工作著，結束拍攝後沒有人互相討厭。」

在拍攝期間，戴普和華特斯發展出親密的友誼，往後幾年他們還是有聯絡。「我認為強尼是有脾氣的人。」華特斯說這個年輕人偶爾會突然生氣及作出魯莽的舉動。一件意外足以讓戴普幾乎賠上相當看好的電影事業，那可說是他魯莽童年行為的回應，戴普回想自己曾含著滿嘴汽油來放火，「這真是件愚蠢的事，」他輕描

淡寫地說。面對沸騰的輿論壓力，戴普的好友們總是快速應變，讓他免於頭條新聞的蹂躪。他似乎習慣性地容易與威權人士產生磨擦，特別是穿著制服的警察及警衛，華特斯認為戴普是一顆隨時會爆炸的不定時炸彈。

華特斯的影片在全世界受到好評，國外的票房甚至好過美國本地（主要在歐洲及澳洲）。「《哭泣寶貝》在澳洲表現得很好，而在歐洲的表現則好過我其他的影片。 巴黎的觀眾們很喜歡，它得到熱烈的讚揚，因為他們喜歡諷刺世態的影片。」華特斯說，「但在『美國』的小孩不知道世俗片其實是陳腔濫調，他們無法體會這種戲謔，這裡的小孩沒看過貓王的電影。但在巴黎他們看過，他們崇拜美國的青少年罪犯電影。」儘管有著奇特的幽默感和令人作嘔的觀點，影片的確因為他為好萊塢拍片而得到一些批評。華特斯說，「最惡毒的評論是來自那些從當年已默默支持、擁護我的人，我認為他們只是不喜歡我為環球拍片，好笑的是，他們希望《哭泣寶貝》更像《粉紅火鶴》，卻不喜歡《粉紅火鶴》。」

戴普終於盼望到一部他追尋已久的成功電影，除此之外，這也大大摧毀跟了他四年的青春偶像形象。在他告別影集完全投入電影之前，他還有一季的《龍虎少年隊》要拍，並接受另一個Maverick影業提姆波頓（Tim Burton）導演的好意。這也讓他的私人生活有了不同的發展。

薇諾娜荷羅維茲（Winona Horowitz）生於1971年10月29日，她的名字是以明尼蘇打州的薇諾娜鎮（Winona）命名的。12歲起，她的父母親便安排她上演戲課程，同時開始習慣叫她薇諾娜瑞德（Winona Ryder）——姓是由搖滾樂歌手米奇瑞德（Mitch Ryder）而來。瑞德最初是從《Desert Bloom》的試鏡帶中脫穎，1986年15歲時，演出第一部影片《Lucas》。她很快便領悟到劇中角色對灰暗、死亡著迷的特性，如提姆波頓的《陰間大法師》（Beetlejuice）及麥可雷門（Michael Lehman）的《希德姐妹幫》（Heathers）。

當紅的電視偶像和初嶄露頭角的女演員，為電影攜手合作可說是天作之合。強尼戴普及薇諾娜瑞德第一次見面是在《大火球》（Great Balls of Fire）的電影首映會，在這部片中她飾演一位青少年新娘。他們的目光在大廳相遇，根據兩人的講法是一見鍾情：「經典的驚鴻一瞥。」戴普說，「就像是西城故事的聚焦場景一樣，其他的東西都變模糊了。」瑞德補充說，「那不是很長的時間，但一切卻都靜止。」

導演約翰華特斯（左二）教導強尼戴普如何演出「開自己形象玩笑」的角色。

實際上他們沒有人互相介紹他們，直到幾個月後，才由他們共同的朋友引見。「我的朋友賈許介紹我們。當我看到薇諾娜，馬上墜入情網，這完全不像以前所經歷過的。」戴普滔滔不絕地說，「我們開始約會，從那之後就一直在一起。我愛她超過全世界。」

「我從沒有一個真正的男朋友，」薇諾娜瑞德在1989年對雜誌透露。 她很快的發現強尼戴普和她有很多共同點，至少對麥田捕手的J. D. Salinger著迷，另一項共通點是喜歡傑克柯魯亞克，所以他們經常拜訪薇諾娜父親的反文化書店，重拾對「垮掉的一代」（Beat）作家、作品的興趣。

他們轟動的戀情開始於戴普接拍《愛德華剪刀手》前的6個月。在《龍虎少年隊》最後的幾個月裡，每到週末，他們會在戴普下榻的Chateau Marmont飯店相會。

瑞德描述他們早期的關係是「戲劇性地令人尷尬」。他們的緋聞很快佔據小報及青少年雜誌的版面。他26歲、她17歲，但他們都是自己那個世代的大明星——事實上，他們訂婚的消息是頭條新聞。

戴普曾追求過比他年紀小很多的女人。他先前和女星雪洛琳芬及珍妮佛葛蕾的訂婚事件和他的不忠行為，並不會讓瑞德擔心。「人們以為我會在意他之前訂過婚，但我不會。我們之間的關係是更深一層的。我們外貌相似，但背景卻不同，所以我們對彼此一直有著高度興趣。」

戴普處理這段關係相當的小心，因為他想導正以前的錯誤，因此和瑞德訂婚一事讓媒體大肆報導。「我不會像一般人把一切搞得一蹋糊塗。每個人成長所經歷的過程若是一連串的誤判，那不是壞的選擇，而是錯的選擇，你知道，人是會犯錯的。我花很長的時間長大，我的人際關係不像人們所想的那麼沉重。我不懂，或許我只是想糾正我家庭的錯誤，或是只是瘋狂的愛上了。在我27年的歲月中沒有東西是可以和我對薇諾娜的感情比的。不管之前做了什麼，都不會像這次這麼久，這不是『嘿！很高興見到你，是一個戒指』，我們交往了5個月才訂婚。」

這次的關係對戴普來說是不一樣的，是最接近結婚的一次，他時常表現出渴望，但他之前的行為卻沒有幫他實現。「我想結婚，」瑞德說。「我有種感覺，這是件對的事，就是了。但我又不想為結婚而結婚，我要蜜月旅行，還有結婚場地，一旦我們有時間又不需要工作時就會結婚。」但到1991年中，結婚的計畫暫停；給大眾正式的理由是他們無法在工作中找到空檔。

從《龍虎少年隊》起，戴普已習慣媒體的注意，但對薇諾娜瑞德卻是全新的體驗。「我們並不覺得自己像貴族」瑞德說，「看了他們做的比較報導，這令我們發笑。我們兩個都不喜歡隨時被監視，或是有人偷聽你們在餐廳中的對話，這非常令人不舒服，接著他們還會加油添醋，甚至出現更糟的情況。今年我完全暴露在小報中。」

戴普認為他們的關係可以幫助兩人應付即將成功的喜悅，以及隨之而來的媒體關注。「人們或許沒有意識到，但這是令人驚訝的，這是邁向成功的一大步。我從電話賣筆的微薄薪資到拍電影這個過程，有一些事我可能永遠不會習慣。沒有任何事可以完全準備好，但可以和薇諾娜分享是有很大幫助的。她完全知道我會經歷什麼事，因為她也同樣經歷。我認為是因為相愛，我們為對方的成功而快樂。我們已習慣成為一對名人，即使有時候人們還是想多了解你一點。」

　　當他們的關係更穩固時，戴普把「永遠的薇諾娜」（Winona Forever）的刺青字樣刺在自己的手臂上。「你不可能因為洗手而把刺青洗掉，當作是沒有給訂婚戒指的藉口。我愛薇諾娜，我會永遠的愛她。把她刺在手臂上可以更堅定我們的愛情。刺青是永久的，當然會痛，是讓人快樂的痛，像電擊一樣刺激。」瑞德對戴普在身體作記號一事有點震驚。戴普在身上刺青只是一個較極端的方法──這表示他對這個戀情的重視，這也是重蹈他童年對重大事件做記錄的覆轍。瑞德說，「我以前從沒看過有人用刺青示愛，我想我是過度謹慎了。我有一點嚇到，我以為這是可以洗掉的。我不相信這是真的，我的意思是，這是一件大事，因為它是永久的。」對這段關係，戴普追求的是永恆。「她了解我內心深處，而別人則永遠無法了解，」戴普說到瑞德。「人生就是試驗及錯誤，但當你確定了，就不會認為是錯誤了。」

　　在他和薇諾娜瑞德三年分分合合的關係中，強尼戴普對媒體逐漸產生恨意。所有演員對媒體都是愛恨交加的，大部份都願意利用媒體來增加知名度和打片，然而一旦生活及事業不順時，最不想見到的也就是媒體。即使一切順利，同一個問題被問一萬次也會不高興的。而這種問題比其他事更困擾戴普。「當我在酒吧上廁所時，就會有陌生人上前來問『你和薇諾娜還在一起嗎？』，我的天啊！就在小便斗前。」

　　特別是有一種情況讓這對名人不太想引起媒體關注。瑞德為演出法蘭西斯柯波拉的《教父3》（The God father Part III）中柯里昂家族的女兒，而飛抵羅馬，但卻沒有步出飯店的房間，因為呼吸道感染、發高燒。醫生說她不能工作，所以瑞德不得已退出影片拍攝，然後回到父母身邊。

　　然而媒體很快的臆測瑞德改變心意的企圖，因為她把男朋友強尼戴普當成生活的重心。由於戴普正要開始第一次主流電影《剪刀手愛德華》的工作，而他要求瑞德演出愛德華的啦啦隊長的女友金柏格（Kim Boggs）。不幸的，《教父3》及《剪刀手愛德華》的拍攝時間重疊：瑞德無法兩個都拍。根據部分媒體報導，戴普自己飛到羅馬來接瑞德，還要確定她會與他回去一同演出電影。

　　「醫生告知我不能工作，」瑞德宣稱。「我不知道為何沒人相信。事實就是這麼簡單。」戴普宣稱他飛到羅馬只是為了要牽著她的手，幫她接電話。她能即時康復，並趕上《剪刀手愛德華》的拍攝是很幸運的。

　　「人們以為可能是強尼的關係，但不是。他只是來照顧我，叫客房服務，把他

的手指伸進我喉嚨幫我催吐。」薇諾娜稱讚戴普是幫助她脫離不能演出《教父3》
而難過的穩定力量。「我們總是可以從非現實的戲劇中抽離出來。經過教父事件，
我已沒什麼重要的事了。換句話說，我已經嚴重虛弱到只有休息及無所事事。」

在與強尼戴普一同拍攝《剪刀手愛德華》之前，瑞德只專注在他們的關係是否
可行這件事上。「他是一個容易讓人驚訝的人，我佩服他，也非常愛他。這不是佔
有，也不是什麼奇怪的事。」瑞德說到戴普。

《剪刀手愛德華》是提姆波頓心中構想的故事。波頓表示自己小時候曾被隔
離，無法和周遭人溝通——主角是一個像他的孩子，頂著一頭沒有梳理散亂的黑
髮，手指還有可致命的刀片。這個想法來自一部經典德國童話《Struwelpiter》，這些
黑暗及陰森的幻想是他小時候看了恐怖電影及卡通的關係所致。

波頓在1985年拍了《Pee Wee's Big Adventure》，接著拍了黑色喜劇《陰間大法
師》——由米高基頓（Michael Keaton）主演陰間大法師，追殺因車禍而死亡的靈魂
夫婦，薇諾娜瑞德則演出夫婦的女兒。這部1300萬美金成本的電影在1988是大賣
座，收益高達7300萬美元，影評寶琳蓋爾（Pauline Kael）譽為黑色喜劇經典之作。

因為拍了些有特色的電影如5分鐘的短片《Vincent》（1982）、古怪的《Pee
Wee's Big Adventure》，及意外成功的《陰間大法師》，讓波頓有了固定支持的影迷。
也就是這些影片說服了華納兄弟找上波頓，要波頓來掌舵1989年百視達大製作片
《蝙蝠俠》（Batman）——波頓在1992年重回執導《蝙蝠俠》第二集。在拍攝《蝙蝠
俠》系列期間，提姆波頓把他的注意力放在《剪刀手愛德華》及從小就困擾他的影
像裡。波頓還留有畫著剪刀手指的畫，他把這個意念移情成為一個發展在郊區、絕
望空想的愛情故事藍本，這和他所成長1950年代美國家庭不同。

「這個構想其實是很久以前從我的畫作而來，這個角色讓我聯想到一個可以觸
摸，但又不能碰觸，是一個具有創造力和有破壞力的心理矛盾人物。這是青少年的
東西，和人際關係有關。」波頓解釋。「提姆有這個角色的形象，」卡洛琳湯普森
（Caroline Thompson）提到這個不尋常的劇本，「他說不知該如何處理，但一分鐘過
後，他描述了一下，便取名《剪刀手愛德華》，此時，我就知道該怎麼做了。提姆
波頓提出這個有剪刀手人的樣子的人，而我則想出這個人的所有細節。」

最早的構想是要把《剪刀手愛德華》拍成音樂喜劇，編劇甚至還為它寫了一首

歌曲，但這個構想在後面改版時給推翻了。「這部影片不是我的自傳，」波頓堅持。「就是因爲這樣，我覺得有強尼眞的很幸運。當我開始和他談時，有些題材眞的很接近他的生活，我眞的很喜歡。我可以看著他來描繪他的世界。」談到到《剪刀手愛德華》戴普表示，「這個角色相當接近我。劇本中愛德華有很多的對話。但我個人認爲在他腦海中的自己是小男孩，一個眞的小孩。」

強尼戴普並不是本片第一個選擇。他最近的一部影片是《哭泣寶貝》，是在《龍虎少年隊》的拍攝空檔中接拍的。他完全不是賣座票房的人選，20世紀福斯片廠會支持波頓的版本也是票房考量——他們缺一個主角演出這怪怪的，可能還有點風險的片。「我收到5個票房人選的名單，其中三個人寫到湯姆克魯斯，」波頓承認這個選角的過程。「他當然不是我心中的第一人選，但我還是和他談論此片。他很有興趣，而且我認爲事情會圓滿的解決。他問了很多問題——沒有特別記下是哪些問題——但在面談結束時我問他，『你對這個角色有很多的問題是一件好事，但你是要拍還是不要拍？』……」

湯姆克魯斯沒有接演此片——雖然他熱衷此角色，但他擔心自己票房明星的形象被化妝及疤痕所掩蓋，所以他要求波頓改變影片的結尾，讓愛德華的角色恢復正常人。《洛杉磯時報》（LA Times）甚至報導克魯斯退出此片是因爲擔心這個角色「缺乏男子氣概」，而不是擔心會把強尼戴普擠出此片。

「我很高興強尼演出這個角色，我無法想像會有任何一個明星會爲我這樣演出，我並非眞正了解他，我沒看過他演出的影集，但我一定在那看過他的演出。」波頓說到戴普。

戴普非常努力的要從《龍虎少年隊》的合約中脫身，這可以讓他再次回想和約翰華特斯拍攝《哭泣寶貝》的經驗。「當我第一次讀到《剪刀手愛德華》，」戴普說到，「我體會到這可能是人生中只會經歷一次的事，不會有第二次。《剪刀手愛德華》的劇本是天下掉下來的禮物——一條走出電視地獄及接受具挑戰性的獨特電影角色。」

「這個故事讓我有歸屬感，」戴普《Burton to Burton》導讀的訪問中說到。「就現實的考量，我是一個電視小生，神智清醒的導演不會雇用我來演這個角色。我沒

《剪刀手愛德華》讓戴普可以運用喜愛的默劇表現手法在現代戲劇中。

49

有這種工作經驗來證明我可以勝任這個角色，於是說服導演說我就是愛德華，我從內到外的了解他。」

　　他們很快地安排討論角色的會議。戴普參考了波頓以前的片子：《陰間大法師》、《蝙蝠俠》和《Pee Wee's Big Adventure》作準備，而看了片子之後，戴普竟沒信心，甚至想取消會議。在ICM經紀人崔西賈克堅定的引導下，戴普及波頓最後在LA的Bel Age飯店的咖啡廳見面。這不是一個理智的見面，「而是兩個自省的個體，在缺乏溝通的技巧之下，討論著彼此，會議在握手中及『真高興見到你』中結束。」戴普說。

　　這是戴普第一次演出大製作成本的電影角色，這包括了大量的曝光機會，如果成功了就會有很多人注意到他。根據劇本及與波頓見過之後給的新構想——但有一部份還是很難達到，「我的機會很渺茫，」戴普說到。「最好讓人們知道我不僅是角色的考慮人選，我還奮鬥、爭取、高聲尖叫懇求這個角色（包括湯姆漢克Tom Hanks等人）。我等了好幾個禮拜都沒有聽到錄取的消息。一直以來，我還研究這個角色，這不僅是我想做的事，而是一定要做的。不是為了願望、渴望，或是票房的因素，而是這個故事已經佔據我的心而且不願離去。」

　　當《剪刀手愛德華》在選角時，戴普的一個肢體語言傳達給了波頓。「我喜歡人們用眼睛說話，特別是這是一個沒有很多話的角色，這時眼睛就很重要。」

　　戴普不需要擔心。最後提姆波頓打了電話對這個年輕的演員說了一句話：「你就是剪刀手愛德華。」戴普馬上就理解演出這個角色對自己的事業有什麼樣的意義：「這個角色是可以自由發揮、試驗、學習，以及喚醒某部份的我。賜死電視小生的角色，把這個古怪、聰明，用時間彩繪出來的年輕人拯救出來。」

　　對提姆來說，真的沒有其他選擇。在首次的見面中，他從這個演員看到很多個人及專業的東西是可以反映《剪刀手愛德華》這個角色的內心世界。「強尼之前被大家認知的形象是青少年偶像，大家對他的了解是一個麻煩、冷默的人物，但是他是一個很有趣、很溫馨的人。他是一個凡人——至少是我說的凡人——他的外表看起來像是一個很黑暗、麻煩、古怪的人物，但內心完全是不一樣的。愛德華的關鍵、形象及想法，是被人理解為一個面惡心善的人，這是強尼和這個角色有關係的部份。」

　　《剪刀手愛德華》的另一個角色選擇則比較簡單。波頓把他在《陰間大法師》合作過的薇諾娜瑞德也安排演出，他是愛德華愛上但又無法抱在懷裡的女孩。所以

幕前幕後都相愛的強尼及薇諾娜——飾演剪刀手愛德華和金柏格（Kim Boggs）。

戴普及瑞德的那一段訂婚關係為影片帶來更多的和諧部分。「我很喜歡瑞德，她很擅長這種黑暗的素材，把她打扮成啦啦隊長是一件有趣的事。我不認為他們的關係對影片會有負面的影響，這或許不是一般的電影，是有一點可以輕輕的觸及他們正、負面關係的事。在佛州的拍攝工作對他們的關係事實上是有幫助的，他們是很專業的演員，沒有將怪誕的感覺帶進影片中。」波頓也注意到主角的私人關係可能會危及影片。「我不是顧問，也無意猜測他們的關係可以維持多久，所以我決定不再想這個問題。但還是會有風險的，如果他們在拍片期間分手的話，不過它沒有發生，現在回想起來，他們的關係對這部戲的愛情故事是幫助而不是阻礙。」

　　戴普同意這樣的說法。「事實上在拍片期間，我們的愛情只會幫戲中愛德華和金的關係加溫。我們來電的指數又更強了。」

　　談到《剪刀手愛德華》的拍攝，「真是嚴酷的一段時間，我真的很受傷，沒有安全感，文森普萊斯（Vincent Price）真的很棒，他給我非常棒的建議，還有亞倫阿

愛德華爲喬依絲（Joyce Monroe）的捲毛狗提供特別剪法服務。

金（Alan Arkin）和戴安薇絲特（Dianne Wiest）她們眞的很支持我。當我思索自已的演出該如何表演時，他們會來到我面前，告訴我我並沒有錯。」

　　《剪刀手愛德華》角色的前置工作是艱辛的，這是在現實生活中無法模擬的。在電影劇本中，愛德華是一個奇妙的作品，是一個有很深層情感的人物，如果要成功扮演這個古怪的角色，演員就要能和觀眾完美溝通。首先，戴普認爲這部片是一個假的傳說故事，是有愛德華這樣一個無邪的人，迷失在一個他不了解的世界中，但他很想融入，特別是在他愛上金的時候。

　　波頓注意到，「強尼試著不要演得太過浮誇或太超過。他在戲中從頭到腳穿著皮革的衣服，但只有幾句的對白。『嗯，他很克制自已，看起來很茫然。』我對自已說，看他演的吧。當我看到高潮的部份，他的演技就顯現出來了，我眞是不敢相信，他的眼神看起來很呆滯，就像是華特基恩（Walter Keane）的畫一樣微微顯露出痛苦。他那樸實、內心的表演方法實在太神奇了。」戴普的第一步就是不考慮卡洛琳湯普森爲此角色所寫的大牛劇本，戴普說，「愛德華不是人類，也不是機器人，

我不認為他會說得很多。在這個世界上，他做什麼事都很簡單，回答也是很誠實、清楚明白。」

「他把他演得像個小孩。」薇諾娜瑞德解釋，「你不會為他感到難過，他只是把一個不會假裝的人演得很坦率。你知道，小孩子是多會說出實話。那就是他想要表現的。」這就是戴普迷人的演出，這就是《剪刀手愛德華》電影及童話的成功要素。他那令人感動和憂鬱的個性，顯露出一個雖然年輕，但對工作確非常認真執著的態度。

而為了演出《剪刀手愛德華》，戴普開始研究起喜劇演員查理卓別林（Charlie Chaplin）的演出方式。戴普以卓別林在《流浪者》（Little Tramp）中的角色來詮釋愛德華走路的樣子、臉部表情，以及陌生人在陌生之處的人生，而話說得越少越好也是取材於卓別林。

戴普對默劇的興趣同樣也刺激他在下一部電影角色的演出。

《剪刀手愛德華》是強尼第一部把他和古怪、奇異角色聯想在一起的電影。「畸形人（freak）和怪人（freakish）這兩個字有很多不同的解釋。在怪的程度上，強尼是有那麼一點怪，因為他就被看成是怪人，」波頓說到戴普。「他天生就有這個特性，那就是當你逐漸變老，經歷人生試煉後，似乎就會有困難來攪局。我想像強尼就是一個會希望某些程度上能受到保護的人。」

如同波頓一樣，戴普幾乎是迷上在影片中的文森普萊斯。「文森普萊斯告訴我一件很棒事就是購買藝術品，」戴普說，「這是一個讓我永遠珍惜的建議。我還沒購買房子，如果我買了，我不知道是否繼續在美國混，它可能會在法國的某一處。但我買了一些畫、素描和一些攝影作品。隨時有一些東西在旁邊可滿足自己，真的很不錯。」

戴普一直和這個老演員有聯絡，直到他在1993年過世為止。他特別留心在普萊斯對投資藝術品，還有嘗試所有類型的角色和不要被定型了的建議，這方面也是戴普對人生感到沒有安全感的證據。事實上，他花費在購買藝術上的金額，以投資報酬率來說，比當時住在飯店及租賃公寓的代價更高，這是他在拍《龍虎少年隊》時以來住在溫哥華時發展出的習慣。「戴普拒絕買車，所以連車子也是租的。我們以前給他的封號叫『百萬富翁遊民』，我告訴他，你要我把郵件寄到那裡去？公園的長椅上，或是美國任何一個地方。現在他有一個地址了，但我不確定他看信件。我不認為他會寫信，他的風格就是不太願意嘗試。」約翰華特斯說道。

戴普在剪刀手愛德華中有突破性的演出。

　　戴普在《剪刀手愛德華》中的表現很用心，但他卻希望看起來不太像是花很多心思在演。影評評《剪刀手愛德華》為最流行、尖端的童話故事，它在北美票房高達5千400萬元。影片隔年夏天在英國發行時受到歡迎，英國《獨立報》（The Independent）便寫道：「提姆波頓把強尼戴普這個脾氣爆燥、一臉不悅的偶像明星，做了一個最徹底的裝飾。」

　　結束《剪刀手愛德華》後，戴普回到他的第一部電影《半鬼上床》的續集《半夜鬼上6》（Freddy's Dead: The Final Nightmare，1991）作客串演出。同時，還出現在一系列反毒的公益廣告片中。

　　然而，不論戴普和瑞德再怎麼關心對方，多年來被媒體追逐也讓他們付出了許多代價。當他們的事業進展順利而又得常常分隔兩地訴情衷時，這種關係是很難維持的。當然，最重要的是，戴普及瑞德兩人都被小報專欄和電影雜誌指控他們與同片的演員發生關係，還有不像情侶一般地開始瘋狂爭吵。瑞德非常清楚的要把她與強尼戴普關係失敗的原因找一個理由。「我記得我們非常討厭被狗仔追逐。真是可怕，這一定是讓我們賠上這段關係的因素。記得當我們還未分手時，每天都會聽說我們各自出軌或是分手的消息，就像是有一隻嗡嗡作響的蚊子在那裡飛來飛去。現

在，我認為自己很有個性，在那之前都是別人告訴我該怎麼做，我是薇諾娜瑞德，我很珍貴、我很可愛、我很性感，這些標籤通通往我臉上丟，除這些之外我沒有自己。」

媒體們浪漫地把她與同戲的搭檔牽扯在一起，包括了吸血鬼德古拉（Dracula）的蓋瑞歐德曼（Gary Oldman）及《純真年代》的丹尼爾戴路易斯（Daniel Day Lewis）。在和戴普分開以後，她一部接著一部地投入電影工作，如《吸血鬼》（Bram Stoker's Dracula）及《純真年代》（The Age of Innocence）。「我非常不高興。」這是瑞德對這段時間的回想，「我無法入睡，生活中有太多的戲，我沒有時間讓生活變得有趣，也沒辦法讓自己快樂，所以需要從工作回歸正常生活。我知道自己是誰，我23歲，想活出這個年紀的自己。」

1993年春天，瑞德在MTV Unplugged演唱會中遇見Soul Asylum樂團主唱戴夫皮爾納（David Priner）。她和戴夫馬上就成為焦點，這個關係註定就要像她與戴普的關係被媒體報導一樣。「我們的關係和我以前的不太一樣，」瑞德宣稱，「這次比較真實，他比較像朋友，真的。我想說的是，這段戀情沒那麼戲劇性。」然而，特別是在2002年，她因順手牽羊事件被告之後，便鮮少公開面對媒體。

強尼戴普相信自己與薇諾娜瑞德的關係是隨時間而慢慢消逝，影片事業的壓力讓他們付了代價。1993的6月，戴普公開表示，「我們一個月前分手。當你愛一個人時是不太容易會剪掉和這個人的聯繫的。但是對我們來說，走到這一步是很自然的，而這是件一定會發生的事。我不會說我們分手是個不好的經驗，真的。我們還是朋友，我們還是有話說，一切都很好，非常友善、非常好。」

不管他公開的說明，在螢幕下的戴普還是因此次分手深受打擊。「我真的很寂寞，」他承認，「我一直在虐待自己：喝酒、吃飯不定時、不睡覺，抽菸抽得兇。我的感覺就像你們所看到的，很容易被操縱。那一段時間我的確非常的迷失，而且對任何事都很困惑。」一位不願具名的朋友告訴《時人雜誌》：「他真的很愛薇諾娜，當他們分手時，有好長一段時間他都不願承認他們已分手。」

雖然瑞德沒有在公開場合表示什麼，但廣泛的認知是因戴普不太願意在搖搖欲墜的關係中做出婚姻的承諾。這不是戴普第一次因為不願被綁住而使戀情告吹，他似乎對自己內心和感情的了解有困難。「我好像一直在戀愛，當我回頭看，我從未真的愛過，」他很率直的說，「在我人生的一些時光裡，因為離開了家庭所以和某些人很親近，一個人生活在這個世上需要有愛和殷勤的對待，以及親密關係和其他

的很多東西，而你對別人的關懷卻被誤認為愛──然後即使愛了，至少也愛過。」

即使是他自己的缺點，戴普拒絕接受自己的缺點是造成與瑞德分手的主因。他自己的說法是他把戀愛看成是家庭的替代品，但從不承認這會使他們分手。對戴普來說，媒體才是那個使愛情逝去的魔鬼。「我也學到了我不會像其他人一樣有正常關係，總是會有人會在超市談論到我們或讀到我們的報導。」

錯誤的舉動帶來八卦的貪婪胃口。戴普及瑞德一開始就對媒體採開放態度，希望這樣可以滿足他們，然後滾開，給這對情侶獨處時間，但事情永遠不是這樣發生的。「在好萊塢是不會有私人的生活的，我和薇諾娜對媒體採開放政策是錯誤的。我認為這會把好奇的怪物消滅，但這反而害了他們。我沒有得到什麼，除了霉運以外。我們的關係變成是公共事務，每個人都認為自己是其中一員、擁有其中一部分，或是他們有權問關於她的事。我恨死了。」

無論如何戴普是多想要忘掉和瑞德的時光，但他無法逃離手臂上刺青的事實：「永遠的薇諾娜（Winona Forever）」。「分手不會拿走這個坦率的部分，」戴普說到這個煩人的刺青。「我是認真的。如果有寫日記的習慣，我不會說『我們分手了，所以我把一切都擦掉。』」這段起起落落的關係，在與薇諾娜分開的那一年中，戴普把刺青去掉──雖然慢，但是確定的。有一段時間刺青變成Wino Forever，當然，有時候小報還是會用這個消遣他。「我們在一起三年。」，戴普說，「有段時間，我真的認為我們會永遠在一起。」

戴普最大的震驚是經過這麼長的時間之後又獨自一人，「寂寞是很嚇人的。有好幾次我獨自一個人過日子。在最近拍攝的電影裡，有4個月我是憂傷的，那真的是不太好玩。」

強尼戴普及薇諾娜瑞德──在凱特摩絲（Kate Moss）之前公開的女友──一起出席《剪刀手愛德華》的首映。

第三章　瘋人之王 King of Kook

曾經，好萊塢對東歐流放電影製作人來說，是相當具吸引力的，因爲早期的電影王國就是由東歐的猶太人所建立。第二次世界大戰時，歐洲許多頂尖的演員、作家和導演爲了能安全的從事演藝工作而逃離戰場。曾經是塞拉耶佛電視台具爭議性的記錄片製作人艾米爾庫斯杜力卡（Emir Kusturica）——塞爾維亞人，在和自己背景相牴觸的狀況下，想要用他那歐洲人細膩、超現實的眼光，來精心解剖、過濾神話般的美國夢——《亞歷桑納夢遊》（Arizona Dream）。庫斯杜力卡曾兩次贏得坎城金棕櫚最佳影片獎，第一次是在1984年以《爸爸出差時》（When father was away），一部描述50年代南斯拉夫愛國反叛軍的故事獲獎，再來是1995年以片長3小時的《地下社會》（Underground），一部批評二次世界大戰到1990年代間爆發內戰的南斯拉夫歷史而再度獲獎。而他另一部電影《流浪者之歌》（The Times of the Gypsies）則在1989年贏得坎城最佳導演獎項。

庫斯杜力卡令人稱羨的聲譽是建立在少數的作品上，還有能受邀到紐約哥倫比亞大學講授電影課程。他迷上美國的種種，所以急切的想要接受這份工作，就是以一個外來人的眼光策劃一部關於美國的影片。1千700萬法郎加上兩位法國製作人克勞帝歐薩德（Claude Ossard）和依弗馬門（Yves Marmon），庫斯杜力卡寫出劇本《Arrowtooth Waltz》，後來改成《American Dream》，最後定名爲《亞歷桑納夢遊》。「美國夢是西方文明世界每個人的夢想，」庫斯杜力卡說，「有部車、有一些錢，還有一棟房子。但我住在美國的那兩年裡，我發現美國真是大不同。人們不像我想的快樂，也不富有。這是有問題的，如果戳破美國夢就是摧毀年輕時的夢想，花時間在看電影的童年。」

《亞歷桑納夢遊》原始構想是出自庫斯杜力卡在哥倫比亞的學生。「是一個不知道如何生活的年輕人，不知怎麼的，我就是有興趣探討美國汽車工作的沒落，因爲美國這個國家就是汽車及電影。在這個小小的範圍中，我看到類似我想做的事。」撰寫的劇本大衛亞金（David Atkin）表示。

初步的劇本爲強尼戴普設計了另一個角色。他發現自己無法抗拒阿克賽布雷克馬（Axel Blackmar）的角色，他是父母死於車禍的20歲孤兒。布雷克馬失去了生活方向，但在紐約漁業及運動部門中做數魚的工作。他非常滿足於這低階的工作，直到他的叔叔李奧（Leo）出現——亞歷桑納州凱迪拉克的車商，想要把這個失敗的事業給他那只專注在自己事情上的侄子。

戴普在《亞歷桑那夢遊》中是個二手車的業務員。

　　「能和庫斯杜力卡工作讓我興奮，我看過他的《流浪者之歌》，那是我看過最爲偉大的作品之一，」強尼表示他很樂於和另一位在美國較不知名的導演一起工作，樂於探討和爲他的作品做試驗。戴普獨特的生活方式讓他又再次演出這類古怪角色。「我一直希望某部分有所改變，」戴普說。「例如，當我還是小孩時，就迷上時光旅行這件事，希望能以不同的身分出現在不同的時空，我以爲這是很正常的事。我感興趣的部份就是那些，被認定爲社會邊緣人的人。不管你演什麼角色，自

己的一部分也在裡面，這是一定有的，不然就不是演戲了，是說謊。也不是說我的感受和別人不同，或許他們覺得很難說出『我不被接受』或是『我感到不安』的字眼，因為這些角色是消極的，我認為他們是接收命令的人。我小時候，就非常認同這樣的事。」

《亞歷桑納夢遊》製作群浩浩蕩蕩的在亞歷桑納州的阿拉斯加及紐約開始拍攝。歷經幾個星期使人精疲力竭的夜間拍攝、逐步上升的預算、不穩定的演員和中飽私囊的工作人員等因素下，庫斯杜力卡幾乎精神崩潰，接著起身走人，飛回紐約。他拒絕把未完成的電影拍好，直到財團給他更多時間、空間，及更多的資金完成他想要的版本。這種誇張賣弄的行為通常發生在那些沒架構的創作上，這種狀況最後讓許多好萊塢的拍攝企劃取消，使大部分的電影公司把導演換掉，然後繼續完成該片。但製片發現庫斯杜力卡有包含像戴普這樣的優質卡司，於是全數的演員拒絕考慮和庫斯杜力卡以外的導演合作完成此片。

「我是個歐洲導演，」庫斯杜力卡說，「我不是美國人也不習慣他們丟給我的東西。他們不要想像力，他們要有開頭，中段和結尾，就是那種中庸、完美、快樂合宜的結局。」

庫斯杜力卡終於了解自己那動不動就發癲的拍攝方法會為自己的影片帶來問題。「我不知道是怎麼了，或許瘋了，但我有這樣的夢想一定要不計代價的來完成它。我對製片感到抱歉，拍攝《亞歷桑納夢遊》及《地下社會》我認為至少已死了兩次，這真是很大的負擔。」

從《龍虎少年隊》開始，文生蓋洛和戴普就是朋友了。觀察幕後一些壞破《亞歷桑納夢遊》拍攝的行為，他同時也注意到戴普在逐漸成名後改變了許多。「他和薇諾娜約會；他們第一次穿著二手店的衣服；他開始刺青還在上電視節目時戴耳環。我真討厭他們，」蓋洛評論著。

他們的友誼在拍攝《亞歷桑納夢遊》時因壓力變糟。根據蓋洛說，戴普發現自己和庫斯杜力卡是性情相投的人，於是總是希望得到導演的注意。「而他對我的角色不太友善，」蓋洛痛苦的說，「強尼想要與導演深交，就好像談戀愛一樣。庫斯杜力卡和強尼帶著杜斯托也夫斯基（Dostoevsky）及柯魯亞克（Kerouac）的書，而且還穿著黑衣到處走。他們以前從沒有穿過黑色的衣服，他們讓全劇組演員及工作人員熬夜，因為他們把音樂開得很大聲又喝得爛醉。」

在亞歷桑納州拍片時，庫斯杜力卡和另外一個演員有問題。費唐娜薇（Faye

戴普及費唐娜薇拍攝於《亞歷桑納夢遊》的空檔休息時。戴普和導演庫斯杜力卡相處愉快,但費唐娜薇則沒有。

Dunaway)或許期望她的歐洲導演對她的待遇會有所不同,或者是因為庫斯杜力卡忙著陪另一位男明星而無時間陪他。「要了解費唐娜薇太太不是那麼容易的,」庫斯杜力卡承認,「我和她沒有衝突,但她卻表現出不太配合的樣子。這就是好萊塢的問題。」

　　庫斯杜力卡及戴普在1992年法國坎城影展冒險宣傳未完成的《亞歷桑納夢遊》。文森蓋洛相信這趟旅行是讓戴普稍微收斂的自我之旅,這比來推銷這部電影更為合理。「強尼有必要到坎城去,而且還讓所有人為他出旅費待在du Cap飯店,

然後他拒絕受採訪，因為他讀過一篇白蘭度拒絕採訪的報導。」

庫斯杜力卡的四部片都得獎了，包括《你記得桃莉貝爾嗎？》（Do You Remember Dolly Bell?）這部片在1981年贏得威尼斯的金獅獎，還有當《亞歷桑納夢遊》完成時，也在1993柏林影展贏得評審團特別獎。電影的上映是隨機的，因美國片商一開始拒絕看庫斯杜力卡拍攝的美國夢，但影片卻成功的在巴黎長時間放映和發行，主因在於法國人迷戀傑瑞路易（Jerry Lewis）。最後，庫斯杜力卡因《地下社會》贏得金棕櫚最佳影片獎後，《亞歷桑納夢遊》才在1997年7月的英國藝術劇院放映，而之後發行的DVD也非常受歡迎。

由強尼戴普所主演的浪漫喜劇《帥哥嬌娃》（Benny & Joon）似乎是適合他的題材。如他先前的電影一般，《帥哥嬌娃》又再次給他機會和較不知名的導演合作。戴普總擔心自已的演出，特別是在《前進高棉》之後，這驅使他轉向與新的、沒有經驗，或另一位導演合作。他要年輕、沒有經驗的導演可以帶給他些什麼，也想要逃離那些有成就的導演想要控制和加諸他某些想法的目的。他不需要一個有獨創性的電影導演來箝制他那有特徵、古怪的風格。事實上，這個時候許多輿論開始相信，或許戴普因自已所選的角色而被逼到危險角落的事實。

「我是否在找尋最怪的角色，然後就去演，因為這是奇怪的劇本？很明顯，不是這樣的。只是因為我喜歡，無論如何，我必須承認我喜歡做的事剛好不在正常範圍內，」戴普說，每當這個議題被提起時，「從某個角度來說，我覺得這樣演比較自在，我這樣演，比我演出那些循規蹈矩的角色來說較容易多了，我討厭平淡無奇的東西，只是對它們沒有興趣而已。」

《帥哥嬌娃》可能演出的演員名單多到嚇人。主角是一個迷人，但不跟潮流走的角色，他愛上另一位主角的妹妹。第一首選考慮的對象是不符合潮流但有魅力的湯姆漢克（Tom Hanks），而演出妹妹的是茱莉亞羅勃茲（Julia Roberts）。他們兩個都是當紅的藝人，即使他湯姆漢克還沒有贏得奧斯卡獎。原來的構想是要讓好萊塢戀人提姆羅賓斯（Tim Robbins）及蘇珊莎蘭登（Susan Sarandon）來演這兩個角色。但終究沒有成功。最後，片場用了遊說已久的戴普來擔任這個看來精神錯亂的主角，而蘿拉鄧（Laura Dern）則演妹妹，還有因《歡樂酒店》（Cheers）影集嶄露頭角的明星伍迪哈里遜（Woody Harrelson）來扮演那為保護妹妹的哥哥。

事情看似解決了，但詛咒馬上來襲，三人中有兩人退出——蘿拉鄧不能忍受排在兩個男演員之後，而伍迪哈里遜則因其他角色而放棄接演。於是原本定案的角色

名單，因哈里遜離開了《帥哥嬌娃》而搖搖欲墜，這使得6月的拍攝日期變得相當的危險。

最後，劇組加入艾登昆恩（Aidan Quinn）演出哥哥邦尼（Benny），而瑪麗史都華麥特森（Mary Stuart Masterson）則演出一直受邦尼照顧的妹妹瓊（Joon）。昆恩很高興加了幾乎快停止拍攝，看起來和好萊塢電影不同，有著寓言特性的劇組。「這是一部不一樣的電影，我的角色是一個坦率的人，我很少演這樣的角色，因為容易被定型，就像『哦，他很正經、敏感，還胡言亂語。』但不要想歪了，我喜歡這部電影。」昆恩表示。最後，影片終究還是開拍了。

《帥哥嬌娃》最初的構想是貝瑞波門（Barry Berman）這個編劇的創作。貝瑞波門畢業於瑞林兄弟（Ringling Brothers and Barnum & Bailey）位於佛羅里達的小丑學校。他曾以學徒身分穿著大號的鞋子，畫上明亮的小丑妝，與有聲望的馬戲團一起演出。表演期間，他會和其他的小丑看好幾小時的經典喜劇，包括巴斯特基頓（Buster Keaton）及查理卓別林（Charlie Chaplin）的電影。就是這個原因，讓波門產生靈感進而創作由戴普演出的角色山姆（Sam）。

5年後，波門離開馬戲團開始寫作，並和萊斯莉麥尼爾（Leslie McNiel）一起創作電影原著，直到讓電影製作人蘇珊阿諾（Susan Arnold）及唐娜羅斯（Donna Roth）發現。

待劇本修改完成後，製作人阿諾及羅斯下一個任務就是去找導演。她們知道自己要找的人需要敏感到能抓住這個愛情電影裡幽默感。最後，她們找到加拿大籍的導演傑瑞米亞謝奇克（Jeremiah Chechik），他是一位商業片得獎導演，也為自已贏得拍攝的機會。「傑瑞米亞喜愛這個劇本，尤其是角色，」羅斯說。「他不僅能看到故事的重點，也理解幽默的一面。」

謝奇克清楚《帥哥嬌娃》為何吸引他。「最簡單的方法：這是一部關於兩人相遇並且墜入愛河的愛情片。這是一般的愛情故事，因為每個人的心均有痛苦和快樂的可能。故事有寓言性，但是也非常可信。」

謝奇克的第一個任務是選出角色，很明顯，強尼戴普是山姆這個古怪角色的最佳選擇。「當我討論《帥哥嬌娃》時和強尼第一次見了面，我開始理解他給《剪刀手愛德華》的角色帶來了什麼。感情上，他是如此深奧，但看起來做的又是這麼少。不用懷疑，他能給山姆這角色帶來獨創性和令人興奮的活力。」

製片人唐娜羅斯同意謝奇克對這個重要角色的選擇。「強尼有魅力，那是毫無

戴普經常演出像《帥哥嬌娃》中的山姆那種精神紊亂的角色。

山姆（戴普）和瓊（瑪麗史都華麥特森）。

疑問的。我們第一次見到他，他看起來像約在前門等人的帥哥，『我的上帝，他是如此令人讚嘆』，強尼超過我們的期盼。」在電影裡，山姆是卓別林和基頓的超級影迷，他穿得像基頓，同時在公園表演默劇來取悅瓊。對戴普來說，他不大可能抗拒這個角色，特別是可以靠近基頓工作的機會。先前他曾用默劇和喜劇的手法來詮釋《剪刀手愛德華》的角色，而山姆也很像這種人。

　　把基頓的作品帶到喜歡看電影的年輕人面前，對戴普來說是一大吸引力。「我有很好的時機來重新研究、發現基頓、卓別林和哈洛羅德（Harold Lloyd）。喜劇，尤其是肢體語言，需要有特別高的要求，我開始有更多的期望，甚至要做他們已經表演過，但表面上看起是很容易的事。」

　　當演員就位，研究和訓練接著開始，特別是對戴普和麥特森。為了確保他們的角色在大螢幕上看起來很真實，有許多該仔細研究的地方。他們不但看了很多默

劇，戴普還特別接受教練丹卡明（Dan Kamin）——擁有默劇和魔術師兩項專業技術——的訓練指導。

「既然山姆的喜劇風格是肢體而不是言語，我們便專心在風格的變遷上，」卡明解釋，「我們從魔術戲法開始，運用手法拍出基頓影片獨特的風格，細微的改變是最難的部分，但是強尼把他演得非常棒，他真的很勇敢，並且在小細節上努力。」為了重建基頓和卓別林沈默式的喜劇風格，丹卡明幫助戴普調整他的肢體語言。「他給我一些動作上的建議，雖然有受傷，但是我喜歡電影裡的打鬧部分。」戴普表示。

《帥哥嬌娃》得到的評價完全是正面的，雖然有一兩個影評家指出魔術般的寫實主義劇本被謝奇克沉悶的領導方式帶出而有令人失望的呈現。《視聽雜誌》報導了很多戴普的角色：「和強尼戴普一起做精神治療是一個有效的治療方法。」克萊兒孟克（Claire Monk）寫道，「……戴普的細膩裝扮的小丑，為此劇帶來很棒的喜劇視覺效果……」《週日郵報》（The Mail on Sunday）的湯姆哈金森（Tom Hutchinson）寫道：「作為一個精神病女孩身旁那個扮小丑的守護者，強尼戴普溫柔地強化這怪局外人的角色，這已經是他的領域。令人愉悅的演出，有感動人心的潛在部分。」

拍完《帥哥嬌娃》，戴普開始擔心這個微不足道的電影角色的怪是為了他而寫的。不過，他仍樂觀地公開表示：「總之我認為我不會限制自己，因為我做的事是很真實的。我看見這些人（他的角色）比正常人更正常。這好像就是我會做的就是和正常人認為『畸形的人』的人一樣。我想我被這些不正常角色所吸引的原因在於，我的生活也有點不正常。我唯一有問題的地方就是被貼標籤。」這是戴普接了下一個角色的正當理由。他被列為《戀戀情深》（What's Eating Gilbert Grape?）影片的理想角色，戴普同意演出，儘管再次扮演另一個脆弱，天真脆弱的人。

這個電影是翻拍自彼得海吉斯（Peter Hedges）的小說，他同時也是編劇。「吉伯葛瑞普（Gilbert Grape）在一家雜貨店工作和每人都折磨他：他的家庭、朋友和情人，」海吉斯說到這個角色。「而城裡女孩的身軀卻衝擊著他那封閉的心。」

根據海吉斯表示，小說只出版幾天，他就接到瑞典電影導演萊斯霍斯壯（Lasse Hallstrom）的電話。霍斯壯曾以《狗臉的歲月》（My Life as a Dog）得到金球獎最佳外語片和紐約影評人協會最佳外語片等等。對霍斯壯來說，海吉斯完全美國背景的小說，是再次重現《狗臉的歲月》的完美題材。如同艾米爾一樣，他只是另外一

個流放在美國，企圖用自己的眼光拍出美國電影的導演。

「所有電影都有追求眞實的目的，如果你想要模仿生命，就必須把戲劇和喜劇融入生活，因爲生命既是戲劇又像是喜劇。」霍斯壯說。「這對我來說眞是好消息， 因爲《狗臉的歲月》最我最喜愛的電影。我意識到萊斯能把人性帶到這些角色中，即使其他的導演可能會取笑他們。」海吉斯很高興接到電話。

當霍斯壯宣佈他心目中的主角時，海吉斯更加高興。他已經對戴普在《愛德華剪刀手》裡的古怪角色印象深刻，以及最近的《帥哥嬌娃》。霍斯楚已經找到他的吉伯。「在電影裡的吉伯是一個觀察者，一個有反應的人，」霍斯壯說。「強尼戴普是完美的演員。他有吉伯葛瑞普所需的敏感度。」

「他幾乎是迫切的選擇，」海吉斯說到的戴普的電影事業。「他有著的不只是亮眼的俊美身體，同時對角色看起來似乎完全不在乎。他有著很長的頭髮，在會議中出現時，非常安靜，眞的很害羞，還教我們玩魔術。我想，我認爲他可能是吉伯……」

戴普對這個角色非常有興趣，並且幾乎馬上開始構想他要給這個角色的自然表演方式。「因爲環境因素，吉伯葛瑞普必須要忘卻自己的夢想。」戴普解釋著說。「因爲他對自己的家庭、職責和責任，不能表現出敵意。爲了應付這些，他必須麻痺自己，這樣他才不會被外界影響太多。」

「有在我生活中發生的事同樣發生在吉伯的生活，」戴普承認，特別在提到父母親離婚和他父親離開時，年輕的戴普唯一的責任是留下來照顧他那心碎的母親。即使在他事業開始發展的階段裡，戴普發現自己童年的回憶還是一再的困擾他。在故事裡，自從他的父親自殺之後，吉伯已經被視爲是個奇怪的人。他和重達600磅，像一坐山一樣的母親住在一間不像樣的房子——多年沒有離開家而她龐大的體積對房子的結構造成大混亂。而葛瑞普家庭的其他幾位成員都沒有幫吉伯的忙，他的兄弟亞尼（李奧納多狄卡皮歐，Leonardo Dicaprio）18 歲了，卻從未有過正常的童年生活，同時還有嚴重的精神疾病。而姊姊艾咪是一個渴望正常家庭生活的居家女人，妹妹艾倫則把吉伯當作是父親。後來，陽光女孩貝琪（茱麗葉路易絲，Juliette Lewis）一頭撞進吉伯的世界中，也改變他的生活。

「吉伯的生活好像是睡著一樣，」茱麗葉路易絲觀察表示。「他需要張開眼睛，像許多人一樣。」在電影裡的最大的挑戰不是強尼戴普的角色，而是搭檔演出精神有問題的亞尼的李奧納多狄卡皮歐。「我需要不是英俊的人，」導演霍斯楚說

戴普《帥哥嬌娃》中山姆角色的穿著，是受喜劇默劇演員巴斯特基頓影響。

首次演出的達琳凱茲在《戀戀情深》飾演戴普的媽媽。

到,「所有為亞尼角色來試鏡的人,狄卡皮歐是觀察最敏銳的人。」

狄卡皮歐真實的演出讓電影製作人滿意,據電影的執行製作艾倫(Alan C. Blomquist)說:「李奧納多給亞尼像孩子一樣的身分,放得開又誠實、不拘束的演技讓他對強尼的吉伯角色是一大幫助,他是如此莊嚴且重視生命。」

「在攝影機前,我們有一種兄弟般關係,」狄卡皮歐說到年長、聰明的搭檔明星戴普——他已經過狄卡皮歐將要成為受歡迎青少年偶像的階段。「能有兄弟般的情誼是很重要的,兄弟們不一定要對彼此說任何事情,他們能坐在同一個房間裡並且自在相處。」

「他很像吉伯,」狄卡皮歐說到強尼戴普,「強尼不需刻意扮演,他很自然地演出。我不是很理解他經歷過什麼,但我看得出關於的他微妙東西。強尼的個性很好相處,但有時也難讓人理解,這是他有趣的地方。」

《戀戀情深》中，吉伯（戴普）在幫助兄弟亞尼（李奧納多狄卡皮歐）。

　　強尼戴普對自己角色的了解其他人還多，「吉伯葛瑞普似乎是一個相當正常的
小伙子，不過我對接下來發生的事情感興趣──對於生活，他只能表現出一兩次的
忿怒和敵意。我了解被綁在一個地方的感覺，不管是在地理上還是感情上的。我能
理解瘋狂地想要從熟悉的一切中逃離，並開始一個新生活的感受。」

　　在這個角色中，戴普運用很多內心戲的表演方式，這是從自己青少年生活中揣
摩出來的，也是建構這個角色的資料，「對我來說，就某方面而言，吉伯的內心就
像死了一樣，慢性的謀殺讓他成為家庭的受難者──進而成為父親的代理人。對家
庭的忠誠也可能會讓純純的愛開始萌芽，但也可能相抗衡，於是愛變成了憤怒，進
而失去自己，這是每個人可能會做的最遭的事，接著你會因為自己做了什麼而感到
生氣……」

　　戴普確實看到吉伯角色樂觀的一面，這一絲希望就是吉伯並沒有完全消失於自
我嫌棄及絕望中。「他是樂觀的，因為貝琪進入到他的生活，並且給吉伯一個簡

《戀戀情深》：強尼戴普、李奧納多狄卡皮歐和茱麗葉路易絲。

單、直接的訊息，這讓他開始想要破繭而出──他意識到自己所犯的錯誤。在生活中我們憑外表評斷他人，管他過重、殘障、醜陋還是被質疑精神有問題。有時這些人甚至被認爲是畸型的人，因爲他們和別人不同，有許多電影都顯示出其實他們和我們一樣。第一次我碰見達琳凱茲（Darlene Cates），我看到的是尺寸以外的東西，我看到她討人喜歡的臉蛋和有靈性的眼睛，我認爲她相當漂亮、非常勇敢，敢在全世界人的前面坦白自己的感情生活，而這是我們從未演過的角色。」

據說，強尼戴普認爲拍攝《戀戀情深》的地點不太理想。戴普結束和薇諾娜瑞德的愛情後，一頭栽進了一系列的電影拍攝，包括《帥哥嬌娃》和《戀戀情深》。電影工作讓他立即逃離了麻煩和孤獨，但是有時也會失去治療魔力。「這眞是一段難熬的日子──我有一段時間怪怪的，但實際上這對我的創造力是一種幫助。」他說，「我們在德州的奧斯汀（Austin）拍攝，這對我來說好像是50年代的美國，但這卻是我試圖甩掉的記憶：我不知道什麼是對的、什麼是錯的；我不知道誰是誰，

而且竟然如此困惑。我不知道如果我下意識讓自己更悲慘一點，會不會是角色所需要的。這些情緒或許是那一段時間必須要承受的，我喝很多酒，根本在虐待自己。」

除了大量把自己的情緒放進影片中，影評們認為《戀戀情深》的角色對戴普來說還是太怪了。《娛樂週刊》（Entertainment Weekly）的理查柯里斯（Richard Corliss）寬容的寫道：「狄卡皮歐及凱茲為角色帶進令人著迷的可信賴性，還有戴普總是讓自己看起來不起眼，如同《剪刀手愛德華》及《帥哥嬌娃》，他螢幕上的表現總是那麼的精采。」對許多人來說，戴普一再重複有水準的演出，在《戀戀情深》中的戴普只是演出沒有化妝的《剪刀手愛德華》。「強尼戴普飾演吉伯，他有可能成為下一個湯姆克魯斯，除非湯姆克魯斯選擇演非商業片。」《星期天電報》（The Sunday Telegraph）的安比爾森（Anne Blilson）寫道。《星期天獨立報》（The Independent on Sunday）的昆丁柯帝斯（Quentin Curtis）明確指出戴普最近的演出：「強尼戴普演出《戀戀情深》的主角，是《帥哥嬌娃》渴望愛情喜劇的再現，到一個不知名的城市拍片然後照顧一個瘋癲的小子。」

而英國的《Sky雜誌》則指出，戴普的事業沒有不確知的危機，如果他繼續鑽研特別的角色。《帥哥嬌娃》及《戀戀情深》的角色讓戴普的事業置於聚光燈下。丹亞哥（Dan Yakir）就寫到：「戴普避免被定型，但他也面臨相反的危機：他到40幾歲還會不會演出瘋子？不過他好像不會很擔心——畢竟他不擔心是對的，根本不需要去憂慮……」

「我真的很幸運。」戴普反應，「人們總提到我喜歡演出古怪的角色，但我很高興，因我沒有演過同樣類型的角色，變化是很重要的。有一些事情我很不同意，那就是認為一位演員要嚴肅的看待自己的身分，就像假裝自己是個痛苦的藝術家之類……我認為每個人都歷過痛苦的事，但身為一位演員，經歷過的痛苦不一定就要比別人還要多……」

然而，有一些事情就要讓戴普付出痛苦的代價。

第四章　愛與叛逆 Love, death & Demons

強尼戴普或許相信演員該經歷的痛苦不會比其他人多，然而1993年底，剛嶄露頭角的好萊塢年輕演員因服毒過量而死在戴普開的Viper Room夜店外，卻讓他因此遭受比其他人更多的痛苦。

　　23歲的瑞凡菲尼克斯（River Phoenix）似乎是好萊塢最不該英年早逝的人，他一生宣導反毒、反虐待動物、反墮胎、提倡素食主義，是行為端正的電影明星，也是X世代的代表，但卻在1993年10月31日因吸食毒品過量，死於位於落杉磯日落大道上Viper Room外的人行道上。

　　在日落大道及拉羅比街（Larrabee Street）的轉角處，強尼戴普及搖滾樂歌星恰克伊威斯（Chuck E‧Weiss）共同經營了夜店Viper Room。戴普重新裝潢這間在1920年代非法經營的酒吧，甚至還僱用香菸女郎來重現舊式好萊塢氣氛，然而一杯5美金的調酒卻不是早期好萊塢的營業方式。Viper Room很小，小到只可容納5個包廂，而且其中一間還永久為戴普ICM經紀人的崔希賈克所預約──上面寫著令人討厭的字句：「別想進去（Don't Fuck With It）」。這個地方是戴普的遊樂園，轉角處的舞台讓他和樂手們一起重溫樂手時光──這是他和瑞凡菲尼克斯的共同記憶。

　　Viper Room在1993年8月開幕時，便是洛杉磯夜店圈最時髦的地點──有著200人及一個小舞池的容納空間。到了10月，這裡的常客已是好萊塢的年輕人。「我的想法，」戴普說到，「是不停播放路易斯喬登（Louis Jordan）和地下天鵝絨樂團（Velvet Underground）的音樂。」

　　強尼戴普和瑞凡菲尼克斯雖然不是很親密，但卻常見面。他們有很多共同點：都是1980年代沒被注意到的後起之秀，戴普稍微年長，而菲尼克斯比較年輕。他們兩人都選擇了非主流的路來到達好萊塢，同時遠離了主流商業片。

　　10月30日的晚上菲尼克斯到夜店休息、放鬆，隨行有最近交的女友、哥哥、妹妹和嗆辣紅椒合唱團的貝斯手。他的毒癮是好萊塢隱瞞得最好的秘密，但只有他最親密的朋友知道，還沒被八卦雜誌披露。

　　儘管當天晚上要演出，但很明顯的，菲尼克斯已沒有那個機會了。午夜一過，因為症狀明顯不適，他被帶到夜店外面的人行道上。他哥哥和朋友們因為菲尼克斯的狀況爭吵後打了911，當醫護人員到達時，對菲尼克斯來說已經太遲了。在10月31日萬聖節午夜的1點51分，他因吸食毒品配上雞尾酒而被宣告死亡。

　　事件過後的某天，強尼戴普感性地公開談論此意外，「這件事就是，他一手環抱女友，一手拿著吉他，瀟灑的來到夜店。他是來表演的，他不認為自己會死──也沒有人認為他會死，」戴普回憶著說。「他只想要有一段美好的時光，但那很危險。他的死讓我心碎，因為他帶著吉他出現。他不是一個不快樂的小孩。」

　　戴普看到菲尼克斯墮落在毒品裡，這真是個致命的錯誤。「他是一個很棒的演員、很棒的人。他有一個很棒的家庭、一定水準的生活，還有一個看得見的未來。這就是我和媒體爭執的地方──他們大可說，『看吧！正常人都會被某些事所困擾，甚至犯錯。這種事每個人都會發生的。好自為之！』但卻沒有人這麼說。」

　　戴普發現自己成為媒體最嚴屬批判的人，因為他經營Viper Room，而且還提供密室給濫用毒品的人，於是讓菲尼克斯死在那裡，戴普知道，這些都是媒體所斷言的。「有非常多的揣測，」戴普說，「有很多的人扮演偵探的角色，利用這事來增加報紙和雜誌的銷量。它們完全在虛構故事，這真是悲劇又令人難過。我們到底要聽多少次911的電話錄音帶？這種新聞到底要刊登多久？到底要聽多少次的重播？我們的社會都在追逐救護車，每個人都注意壞事，不注意好事。我在這行已經10年了，說我開一家夜店讓人在裡頭吸毒，甚至還在臥房裡──它們難道認為我瘋了？認為我會把前途都拋棄──甚至說我的小孩……正因如此人們就可以在酒吧吸毒作樂？這真是很可笑。」

　　「媒體想要破壞他給人的好印象，」戴普說到媒體報導菲尼克斯身亡的方式，「這件事全因一個讓人喜愛的人犯了一個致命錯誤而沸騰起來。這種錯誤我們可能都會犯的。我甚至無法回應他們對我的指控。事實上，我當晚也在。事實就是，那是我的店，我還說『我拒絕加入這病態的救護車追逐事件中，走開！』」

　　強尼戴普的老友薩爾珍科替他打理Viper Room的日常瑣事。而他和戴普還要再處理另一件醜聞，那就是有肥皂劇演員和歌手身分的杰森唐那凡（Jason Donovan）在夜店外面發生如同菲尼克斯的事件。唐那凡的吸毒事件並不嚴重，但戴普發現自己再次成為新聞頭條。英國星期天出刊的小報，就以杰森唐那凡事件為頭條新聞寫道：「戴普充滿了性、毒品和死亡的骯髒小屋」。

　　「我經營一間充滿毒品和可在桌上亂搞的夜店。」小報諷刺的漫畫上畫著戴普的夜店，「這是一間夜店，一個高尚的地方。西區好萊塢市長在這裡舉行過接待會，我的天啊，他們為什麼不寫那一些？因為這樣雜誌就沒銷路──除非他們拍到市長的脖子上插著注射器。」戴普說。

　　聲名狼藉的Viper Room不是戴普當初開幕時那記憶中的好去處。「它一開幕就馬上成為知名地點，我從沒有想過它會出名，我真的認為它會是一個不知名、小小夜店，你根本找不到這個地方，因為在日落大道上它沒有招牌。它只不過是一棟黑色的建築物，唯一的招牌就是Larrabee，它很小，真的不顯眼，我認為它很低調。令我失望的是發生在萬聖節瑞凡死亡的不幸的事件。為了尊重瑞凡，我休業兩個星期，讓那些小孩可以留下訊息和送花紀念。我認為這對他們來說是件貼心的事，然而兩個月後就被認為是件愚蠢的事，到時只會剩下湊熱鬧的人及觀光客，或是來參觀墓地這種胡扯的事。我有好一陣子沒有去，等湊熱鬧的人離開了，它就會變回一個好地方。」

　　戴普公開地表示，他憤怒那些暗示要他要為瑞凡菲尼克斯死負責的人。但私底下，戴普確實從10月的晚上就承受著責任。他曾經在早上4、5點鐘對那些在夜店外流連的人，發上50到100元不等的錢，這似乎是戴普用來解決他良心上問題的方法。

　　1994年的3月，在瑞凡菲尼克斯逝世後的幾個月，世人發現強尼戴普有了新的女朋友，她是倫敦籍的超級名模凱特摩絲（Kate Moss）。某個夜晚，在洛杉磯的Smash Box，有800多人參加由Vogue贊助，戴普發表他那8分半鐘的超現實影片，是教導如何拒絕毒品的短片。這部影片叫《開玩笑》（Banter），這是他早在《龍虎少年隊》中拍攝的公益短片。現在他基於自己的經驗來要求青年人遠離毒品。

　　《紳士雜誌》（Esquires）形容毒品的可怕性，同時問起瑞凡事件和《開玩笑》短片的關係，「這些都已經過去了，」戴普宣稱。

　　「媒體的辱罵讓我緊緊防衛自己。我沒有做錯，我已拍過反毒影片，而我希望小孩子能從中學習教訓，了解毒品不是躲避問題的方法，躲避的方法還有書本，畫畫，還有寫作。」就是這種活動讓戴普及摩絲做了第一次接觸，儘管他們已經約會好幾個星期了。幾個星期在參加過強尼凱許（Jonny Cash）在曼哈頓Fez夜店的演唱之後，這對情侶在聖巴特（St·Barts）一起度假時被發現，戴普也同樣高興陪同摩絲到巴黎走秀。但他偏執的認為媒體可能會出現並闖入、毀掉這段關係。畢竟，摩斯比瑞德在公眾場合更得到媒體的注意。她不是演員，但她像超級名模如克勞蒂亞雪弗（Claudia Schiffer）、琳達伊凡潔麗絲塔（Linda Evangelista）和娜歐蜜坎貝兒（Naomi Campbell）一樣，是媒體的新星，是好萊塢有一陣子沒出現過的新星。

近30歲的戴普，拒絕看起來像是30歲的樣子，他總是穿著T恤、戴著鍊子。

　　凱特摩絲生於1974年1月16日英國薩里郡（Surrey）的阿帝斯康比（Addiscombe），在倫敦另一郊區小城克羅伊登（Croydon）成長。1988年14歲時，開始她超級名模的職業生涯。摩絲在甘迺迪國際機場被英國史東（Storm）模特兒經紀公司的莎拉道科斯（Sarah Doukas）所發掘，她說服這個瘦小的女孩在暑假中開始模特兒的工作。於是摩絲便在1989年在一部鮮為人知的三級片《Inferno》中演出。

　　在成為全職模特兒之前，1990年摩絲首次為《The Face》雜誌拍攝封面，隨後這個削瘦的女孩便被國際媒體大肆宣傳。1993年凱文克萊（Calvin Klein）以1百萬美金簽下她的代言合約，她願為聖羅蘭（Yves Saint Laurent，YSL）和凱文克萊迷情香水的廣告活動裸露，便是她快速被世界認識的主因。

　　凱特摩絲認為自己的迅速成名讓她與攝影師馬力歐索倫提（Mario Sorrenti）的關係付出代價。然而對媒體來說凱特和戴普的關係是天作之合，這關係比戴普與瑞德的好萊塢關係更好。但是八卦雜誌也是戴普最害怕的，摩絲是英國人，而英國的八卦雜誌會以此為由監視他們的一舉一動。「他們寫了很多惡毒的文章而我再也無法忍受了，」戴普率直地說，「只要他們不要傷害我的家人或我所愛的人，他們儘管可以說我是被截肢的矮人。」

　　強尼戴普從他與瑞德逝去的關係中學習到交往的方法。雖然他願意和凱特摩絲討論他們的生活，但目前為止他們的溝通僅止於「我不提起我的，她也不提起她的」、「因為這不關其他人的事」，他堅定的說，「這是充滿謠言的社會，當人們坐下來開始討論起我的約會對象。他們閒暇的時間還真多，為甚麼不試試其他的話題——或是自慰之類的話題。」

　　他說1994年2月和摩絲的見面是很平常的，「抱歉讓你們失望了，因為不是那麼的浪漫。我到紐約曼哈頓的一家餐廳喝咖啡（Cafe Tabac），她和幾個朋友在一起，而其中一人我剛好認識，於是我就對他說『過來喝咖啡吧』，這就是我們認識的經過，從此之後我們就在一起。我們只是分享許多有趣的事。她是很實際的英國女孩，而且可讓我的生活沒有機會成為頭條新聞。」

　　戴普和凱特摩絲的年齡差距甚至比他和薇諾娜瑞德還大，因為世故老練的模特兒的事業（開始於她青少年時期），讓她看起來比實際年齡老得多。對戴普來說，她那孩童似的身分似乎很有趣，其中一件就是他們對露天遊樂場都很喜歡。這和戴普與瑞德對垮掉的一代（Beat）詩集和其他文學的喜愛有所不同。「我們喜歡到魔

術山（Magic Mountain，位於洛杉磯城外的主題遊樂場）玩所有速度快的遊樂設施，你得一大早就去，不然就要簽一整天的簽名。」

摩絲則是拒絕談論她和戴普的關係，這是基於戴普的建議和瑞德系列恐怖故事的經驗。但她卻不能控制對《每日郵報》（Daily Mail）談論自己最新的羅曼史，這對戴普來說是有不良反應的。「我不敢相信，」摩斯說，「對我來說這是以前沒有過的事。我很早就知道，也感覺不一樣，我從來沒有感覺過。我知道這就是愛了。」

旋風般的羅曼史讓這兩位明星及媒體完全不設防。一個月內，凱特摩絲進入到戴普未婚妻的長名單中，「未來的戴普太太」。戴普拒絕承認與摩絲訂婚：「我不知道那是什麼意思，那只是一則新聞。」後續的追蹤報導則是在1995年初戴普在加勒比海的假期中向摩絲求婚，他們兩人對這則報導都沒有做出評論或否認的動作。「凱特成為太太？」戴普回應，「我不會反駁這樣的消息，但這事件需要私下討論。」

1995年凱特摩絲的名聲超越了她的演員男友。她出版了一本有100多張照片的書，書名就叫凱特，這也奠定了她超級明星的地位。在書本巡迴宣傳中，可以聽出摩絲從戴普的經驗中學習到厭惡媒體。「所有令人討厭的事都會讓我不安，我知道自己將要永遠被稱為流浪兒，我非常不喜歡。」她可能也會厭惡它，但年僅21歲的摩絲年收入達2.2百萬。

戴普在《這個男人有點色中》（Don Juan De Marco）的搭檔費唐娜薇，觀察戴普和摩絲的關係再斷言，這個有浪漫天性的演員會像與薇諾娜分手一樣與凱特分手。「他的愛是不能那麼容易被收買的，」她說，「他總是有種天性和價值觀相信純純的愛。這不是用腦子就可理清楚的，我喜歡他相信愛這件的事。」

摩絲在英國的電視中承認關於戴普的事，「他真的很瘋狂，有一種說不出的狂野。他總是能讓我感到驚奇和完全絕對的浪漫，而且很真實。戴普有一次對我說在他的屁股後面有個東西，但不知道是什麼，所以我伸手到他的褲子口袋裡一拉，竟拉出一條（一萬英鎊的）鑽石項鍊。」

除了與凱特摩絲交往，讓戴普明顯有輕鬆的心情外，人們還是從戴普身上看到瑞凡菲尼克斯自我毀滅的過程。雖然已不再吸毒，戴普承認自己仍有解決情緒的方法，「有一段時間我處在不好的情緒裡，」他說，「我無法控制週遭的事——只好買醉了，還好只有一段時間，因為它若成為生活的一部分就不太好，真的不好。因

爲你會用掉所有的時間試著重新體驗第一次被麻醉的感覺——如同13或14歲時喝醉，或吸了大麻棒透了的感覺——這種感覺無法再次體驗到。」戴普嚴厲的看待自己和看到因吸毒成癮的心理問題。雖然在遇見摩絲後戒酒，但他仍喜歡小酌幾杯讓自己麻醉。「這麼多年來我靠喝酒來逃避一些事情，但有時又逃避不了，無法釋放心中的魔鬼。」

對認識戴普和爲他擔心的人而言，認爲他想要的搖滾歌手的生活方式，是戴普問題的根源。就像是瑞凡菲尼克斯一樣，戴普喜歡與衣著凌亂的搖滾樂手混在一起，同時爲自己的樂團Pee作表演。戴普在1995年中，曾爲他的樂團和EMI Capitol唱片公司簽約，但沒有達成明確的交易。「在《龍虎少年隊》之前，大家把戴普看成一個努力奮鬥的歌手，」吉他手及合夥人比爾卡特（Bill Carter）說。

在凱特摩絲21歲的生日派對中，戴普與INXS的麥可哈金斯（Michael Hutchence）在Viper Room的舞台上表演。派對中戴普安排葛羅莉亞蓋羅（Gloria Gaynor）特別爲摩絲演唱disco經典曲目「I Will Survive」。戴普是一個想成爲搖滾歌手的好萊塢明星，至少在成名前他試著想成爲搖滾歌手。「我認爲這只是混日子，真的不把它當成第二個職業——只是要和朋友混在一起。能參與另一個領域是一件好事，我不想終其一生只當演員。」

戴普比起那些會我毀滅的危險樂手來說，是一位外行的告解者。柯特科賓（Kurt Cobin）、瑞凡菲尼克斯和麥可哈金斯的死，都讓戴普停下來思考自己的生活方式。那些認識戴普和與他一起工作的人看不出戴普是否有自我毀滅的傾向——至少到目前爲止，沒有什麼是他無法控制的。「我一點都不擔心，」導演約翰華特斯對戴普不受約束的行爲解釋。「強尼不會自我毀滅。我認爲他已注意到其中的陷阱，他一定看到了。」

1994年9月，當戴普住進紐約市馬克飯店（Mark Hotel）的那一刻起，他就有不好的感覺。這不是忙於破壞一晚2200美金的那間總統套房，這間飯店不是他平常進住的The Garlyle飯店——因爲客滿而無法訂到總統套房。

那陣子戴普爲《艾德伍德》（Ed Wood）做一系列電影宣傳，也拒絕了由安萊絲（Anne Rice）小說所改編的《夜訪吸血鬼》（Interview With The Vampire）中吸血鬼的角色（利牙最後由湯姆克魯斯戴上），還有最後由基努李維（Keanu Reeves）所演出的《捍衛戰警》（Speed）。他因提姆波頓的企劃而龍心大悅，所以比平常多做幾次

曝光。「就這樣說吧,我住了下來,但並不舒適,」這是戴普最後的結論。問題出在當天晚班的保全吉姆基根(Jim Keegan)。

基根每晚當班時間是從午夜到早上八點——這時段他多少管理著這家高消費的飯店。基根監控著戴普不定時進出飯店的時間,那時,苦於失眠症的戴普在住進這家飯店時曾出去過幾個晚上——他開派對的時間總是和基根當班的時間重疊。「看起來,那個傢伙好像無法忍受強尼,」一位從1980年代就認識戴普的刺青師父強納森蕭(Jonathan Shaw)說道,他曾經到飯店拜訪過戴普幾次,也注意到基根在觀察他,「強尼穿著皮衣皮褲,不是大家都喜歡的樣子。」

「那個傢伙是隻呱呱的青蛙,」戴普告訴《紳士雜誌》的大衛布勒(David Blum)。「他決定說『要讓這個明星好看』,我無法面對這些事。」

1994年凱特摩絲和戴普從9月12日星期一的晚上,待到9月13日的凌晨。戴普宣稱當晚沒有如報紙所報導的喝酒,更沒吸食毒品,也沒和摩絲打架。

大約是早上5點,1410房要求吉姆基根由他的崗位來調查喧鬧事件。這個保全稍後告訴警察,他從房間內聽到一連串的東西砸碎聲,還有在房外走廊看到破碎的畫框。基根及馬克飯店的總經理在事件過後都拒絕對媒體評論此事。此事因戴普的隔壁房客抱怨戴普房間的騷動而揭露出來。那位房客對媒體說,在他那個時代,只有比戴普更有名的Who樂團主唱羅傑達爾崔(Roger Daltrey)敢砸爛房間,「這不能比好不好,」戴普回應,「如果是Who樂團,他們會砸得更爛,而且還會有人喝采,我卻被捕……年輕很棒吧?鼓手凱斯慕恩(keith Moon)或許會不好意思……但也只是尷尬而已……」

戴普宣稱基根從衝突開始就很激動。「那個傢伙在當天晚上可能喝太多咖啡,他非常的浮躁。在這之間他想要叫人拍照,但我不認為這是必要的。如果我走進一間古董店,蹲下來看東西的同時不小心把一個價值3000美元的壺打破了,我當然會賠償。打破一片玻璃、打破一片鏡子,或是任何一種東西,我都會賠償。帳單我是可以處理的,就是這樣。」

戴普漫不經心的態度對基根而言很緊繃,即使之後付出多少數目也不能彌補對其他房客的騷擾。不管什麼理由,基根對1410房所發生的事採取例外的處理方式,他告訴戴普必須立即離開馬克飯店,同時打電話給警察。戴普提出說會對所毀壞東西進行賠償,但沒有要結帳離開飯店的意思。按照他的威脅,基根打電話給紐約市警局。30分鐘之後,戴普最後還是被戴上手銬,在三位第19號分局的警察戒護下離

開了飯店。

戴普被拘留的時間不長，他於次日下午被釋放。在他被拘留的那晚待過三個拘留所：轄區警局拘留所、中央警局拘留所和紐約中央警察局總部的拘留所。據報這個衣著邋遢、犯了錯的演員在這三個牢房被女警員圍住，並確實與紐約最佳警官之一的依蓮皮瑞斯（Eileen Perez）有衝突。「我不認為她喜歡我，」《時人雜誌》（People）引用戴普所說的話，「但我打賭如果在購物中心看到我的話，她會跟我要簽名照的。」

在官方的報告中，基根所列遭到損毀的東西有10項：兩個17世紀的畫及畫框、中國陶瓷燈座和陶瓷壺各一個、一塊玻璃桌面、斷了的咖啡桌腳、壞掉的木製層板架、碎掉的花瓶、有菸疤的地毯、紅色椅子。處理此案的是紐約的刑事律師大衛伯瑞巴特（David Breitbart），他是一個會為客戶與媒體周旋的人。「強尼真的做過這些事嗎？我不知道，他們也不知道。他們所求償的那個愚蠢的損害數字是兩天前他住過兩晚的房間價格，第三天晚上就發生這樣的事了，這真是要命的勒索。我希望可以上法庭解決此事，因為沒有人看到他做這些事。他們趁他被拘留時列了損害項目，任何事在那個房間都可以發生……」

強尼沒有否認這個事件，只是把這解釋為人性的缺陷。「對我來說，那不是個美好夜晚。我不試著替自己所做過的事，或任何像這種狀況找藉口，因為那是別人的財產，必須要顧及到這點。但你有問題時，你只是個人而已。」因兩件觸法鬧劇而被捕的戴普，收到總共9767.12美元的損害賠償帳單。這件指控稍後被法官駁回，但要求他付訴訟費用，以及6個月內不許再犯。

戴普被捕和其它頭條新聞佔據所有紐約報紙的頭條版面，在電視媒體，他則是和美國侵略海地一起分享頭條畫面。「我只是壓力過大，」他說，「我是人，也像其他人一樣有脾氣。我很沮喪，而我爆發出來，沒什麼了不起的，我們現在談論的是一個可能侮辱傢俱的演員，但我發現自己是所有報紙的頭條，這個事件似乎比侵略海地還要重要……第一，我是人；第二，被准許有情緒；第三，允許擁有自己的私人生活。」

戴普的母親對兒子被關的事不太高興：「她熬過來了，」他說，「她不太喜歡看到我帶著手銬出現在電視上，但她知道我不是壞人。」不只是手銬，強尼穿著特別是綠色編織的帽子及太陽眼鏡這令貝蒂蘇帕馬（Betty Sue Palmer，她再嫁的第三任丈夫姓帕馬）最苦惱。「她認為該教我如何穿衣服，」他可憐的說道。在戴普的

1994年9月，一個微冷的日子，強尼在馬克飯店的擾亂事件中被捕。

心理還想到其他親戚：「我有上中學的侄子及侄女，他們或許會聽到朋友說『你的叔叔強尼是個瘋子』，他們也要和這類的事生活一陣子。」

除了青少年時期，戴普和母親仍保持親密的母子關係。事實上，他的電影事業是讓他能重建家庭關係的原因。戴普後來雇用他的姊姊克莉絲蒂及哥哥丹恩來處理個人事務。他對家庭及合作過的人相當忠誠，如巴克荷蘭（Buck Holland）——長久以來的司機及家務總管——是許多人中少數被問到來談論戴普的人，他是個父親，也是戴普忠誠的支持者。

馬克飯店事件的洪流，戴普進了飯店名人人渣的名單——這個名單可能起於作曲家貝多芬想要在維也納的飯店砸毀一張椅子。「貝多芬是否為此進牢房？」戴普問到，他確信此事被馬克飯店熱炒，用來宣傳飯店。「這對他們有利，」他說。「現在他們可以把這件事作為飯店的歷史事件，這個可笑的歷史。他們可以說，『我們讓強尼戴普被捕了。』飯店是我的家，我住飯店的時間比我住在家的時間還長。如果是發生在你們身上，這件事不會這樣處理，他們會來房間，然後問『發生什麼事？』你會回答說，『很抱歉，我會賠償損失的。』」

費唐娜薇同意戴普對此事件的看法。「有時你認為事情已經要過去了，但馬克飯店利用這個事件來個瘋狂宣傳。我很有可能在那之後把飯店大廳砸毀，我沒這麼作算他們走運。」

「我認為這很有趣，」戴普稍後評論。「我要為侮辱畫框及檯燈而坐牢。那些砸碎說：『他喝醉了還和他的女朋友打架。』說什麼狗屎話。我們來看看酒吧裡的人，有人難過一整天，拜託！說不定只是有人不小心踩到他的腳指頭，最後這個傢伙砸東西或打人出氣。遇到這種事你可能會向牆壁出氣，或做一些別的事。媽的！我什麼也不管，我是正常人，做正常的事。雖就某種角度來說是不被允許的，但為什麼我不能做正常人？我心中有很多愛，同樣也有很多的憤怒。如果愛一個人，我就會愛他，如果我生氣我就會爆發出來，或是想打人，想這麼做我才不管後果是什麼。」

馬克飯店事件並不是戴普第一次因易怒的個性招致小磨擦而引起的法律問題，在過去也有過相同的經驗。他多次被媒體報導，在比佛利五層樓高的停車場裡，與尼可拉凱吉鬼混被抓——因為他們喜歡在空中灑汽油製造火焰。他也在紐約Royalton酒店的餐廳中被看到對著凱特摩絲大吼大叫——這個地方記者常去。在《龍虎少年隊》系列影集中，1989年強尼也在加拿大的溫哥華攻擊了一位安全警

衛，雖然之後指控被撤銷了。1991年，他被一個婦人控告在紐約第52街的Lone Star Roadhouse砸毀窗戶，害她被玻璃碎片劃過，當時他正和傳說中的混蛋伊吉保柏舉行喝酒比賽。同樣的1991年，在比佛利山因不遵守交通規則被警察攔阻，一位警官叫他熄掉香菸而發生衝突，他因此被控告，他用他那簡潔有力的見解來評論這件衝突，「我知道有一些納粹警察把事情看成是像《警網雙雄》（Starsky & Hutch）的戲劇一樣。」

就在馬克飯店事件的一個月過後，戴普在不同雜誌的訪談表現出頑皮的幽默感。每一次他都告訴媒體不同版本的故事。

據戴普告訴《週日時報》（The Sunday Times），「我當時是坐在飯店房間中的長沙發上，但有一隻獵狗忽然從衣櫥中跳出來，我認為抓住這隻動物是我的責任，所以就追著牠跑20分鐘，但牠很不合作，最後由窗戶逃走……留下我和所有的證據。」他告訴《帝國雜誌》（Empire）：「我認為是犰狳，牠看起來像犰狳，或者可能是大象。」告訴《Sky雜誌》：「這件事絕對與凱特無關。你想要聽到發生在飯店中真實的故事嗎？在房間中有一隻像棒球一樣大的蟑螂，我追著它跑，想要把它打死，但我卻失手了。」

經紀人崔希賈克確認說，「他那一段時間很頑皮，」崔希在戴普的職涯中是個專業清道夫，擅長平息明星引起的災難。約伯說戴普被捕後在獄中打了一通電話給她，「我對這件事採嚴格的態度，」她說，但戴普繼續和法律玩擦邊球的遊戲，似乎意味著忽視約伯的「嚴格態度」，這就好像他對所有告誡他該如何生活和表現的人，一些藐視的意味。但這卻不影響他受歡迎的程度，一個月後戴普成為《時人雜誌》的封面人物，緊接而來的是《Premier雜誌》和同性戀《提倡者雜誌》（The Advocate）的封面人物。《Your Pron雜誌》名列他為美國最想攜伴參加舞會的對象之一，同時以《艾德伍德》提名了金球獎男主角（最後輸給了《你是我今生的新娘Four Weddings and a Funeral》的休葛蘭）。

「飯店事件並沒有影響他的演藝事業，」約翰華特斯在《帝國雜誌》上說。「他被捕時看起來很帥，我很喜歡手銬——它們總是有用的。強尼是個長得不錯的明星罪犯。砸毀飯店一事要用損害金額除以每一個專欄。」華特斯建議說，另外一種誇張的說法就是飯店的服務太糟了。

馬克飯店事件幾天過後，戴普重新從飯店取回他的東西，警察正打算把這些東西重新安置在紐約的另一家飯店。在還未打包的東西裡，戴普發現自己所讀關於馬龍白

蘭度的自傳，在他被拘留期間被馬克飯店的人所污損，「去你的！」強尼戴普偶然翻到書中的第468頁，有被人寫下這樣不受歡迎的批評，在其他頁面上也有這樣的字句：「你這渾蛋！」、「我恨你！」，這樣的批評持續出現在整本書中。戴普把這整件事歸咎於馬克飯店的員工。「影迷有兩種，」他告訴《紳士雜誌》，這個雜誌報導了整個馬可飯店事件，「一種會要你的照片然後說一些好話，但有一些人就態度冷冷地來要照片。有些人很令人討厭，他們要你注意點。」

對戴普來說此次紐約之行還未結束。不管何時，有什麼事件，報導全都指向他。之後的某個星期，戴普隨同友人到市中心的Babyland酒吧，隔天一早，他竟變成為《紐約郵報》（New York Post）的另一則頭條：「戴普的夥伴在東郊大聲喧鬧，大聲叫罵報紙。」又過不久，「強尼戴普再次表現出他那狂野的一面，在另一個夜晚於飯店中喧鬧作樂……」在某報的第六版，宣稱戴普又引起打架等爭執，報紙引述一個車夫所說：「他向我揮拳然後罵我『住嘴！』。」

在與他有關的事件中，戴普的例子和其他八卦雜誌報導的有點出入。「有個像伙在酒吧裡和我擦肩而過，」戴普繼續另一個讓人懷疑的「犰狳、獵狗」版本的故事。「他拔出像是陰莖的東西——但我懷疑是嵌環，這個愚笨得要命的像伙，接著就說類似『幫我口交！』的話。我剛出監獄，他們說6個月內不要惹麻煩。我最初的反應是……我們都有動物的本能……你的本能是從喉嚨。」根據戴普表示，無論如何，他拒絕像以前一樣跟著自已的本能走，他不想要再次入獄。

無論戴普走到何處這樣的事件總是跟著他。《環球雜誌》（The Globe）報導，在英國諾丁罕的一家地下酒吧中，戴普與不同階層的英國上流社會人士來往。27歲的職業攝影師強納森偉柏（Jonathan Walpole）也在酒吧中，他是羅伯偉柏（Robert Walpole）爵士的直系後裔。當他不小心拿到強尼戴普的酒杯時，「他拉住我的兩耳，」偉柏向倫敦的《標準晚報》（Evening Standard）哭訴。「真是太可怕了，我告訴他這不英國人的待客之道。然後一些粗魯的大漢出現在我身後，用手圍住我的頸部，試著把我壓倒在地。」

戴普難以控制的行為和砸毀飯店事件，似乎變成其他明星想要仿效的壞行為。兩個月後另一個好萊塢壞小子米基洛克（Mickey Rourke）——他的事業正走下坡——把Plaza飯店套房砸毀。《紐約郵報》報導，戴普的朋友尼可拉凱吉問盧凱，「你到底想成為什麼？戴普嗎？」

第五章　另類挑戰 Ed Wood

拒絕了《捍衛戰警》及《夜訪吸血鬼》的主角角色，及麥可曼恩（Michael Mann）所提的詹姆士狄恩（James Dean）傳記電影主角，強尼戴普倔強地認為他的下一部影片要像《艾德伍德》一樣，是個變裝癖者的角色。根據提姆波頓的自傳改編，由樂觀的好萊塢話題人物強尼戴普主演，加上「世界最爛的導演」，「你能接受像艾德伍德這種奇怪的電影？」

提姆波頓原先的構想是要拍一部《艾德伍德》的傳記電影——由戴普演出永遠不放棄導演夢想的角色，似乎相當自然。在Z級大爛片如《外太空九號計畫》（Plan Night from Outer Space）和變裝傳奇劇《Glen or Glenda》（伍德本人在這部影片扮演Gleac和Glenda），以及《Bride of Monster》的背後，《艾德伍德》可說是一位有創造力的導演。

1924年生於浦基普西（Poughkeepsie），伍德確信自已是某種程度的藝術家，並將為娛樂界作出偉大的貢獻。在1930和1940年代，他是看著B級水準的西部電影及恐怖片長大。參加完童子軍集會後，伍德離家時會帶著攝影機，以自己11歲的眼光拍攝作品。17歲時他入伍從軍，6個月後珍珠港事變發生。他成為下士，同時授勳為戰爭英雄。他最自豪的成就，就是在海軍陸戰隊的制服下，穿著女性內衣，跳降落傘到一個日本小島。1946年伍德退伍，他以變裝的打扮在一個嘉年華會中遊行。

後來，他遊歷好萊塢，在這裡他寫了及導了一部沒有人看的戰爭舞台劇，劇名叫《The Casual Company》。因為渴望進入電影圈，伍德說服一間露天電影院的製片人讓他播放這部性別錯亂的影片，伍德想把《Glen or Glenda》導為自已變裝癖的實驗——這是伍德的癖好。

《Glen or Glenda》是由一位恐怖片老牌演員貝拉魯戈奇（Bela Lugosi）所演出的。伍德在1953年認識魯戈奇，然後馬上與這個兒童時代的偶像成為朋友。魯戈奇1931年因演出環球製片的《吸血鬼》（Dracula）而成名，他在20年後幾乎消失於低劣的恐怖電影中。最後，伍德利用了魯戈奇暗淡的剩餘價值，在他很差，但可說是很好的電影作品裡演出。

伍德的身邊聚集了好萊塢的邊緣人物，他們都希望有天能成為明星，其中包含他的女朋友多羅莉富樂（Dolores Fuller）。1978年，伍德雖然死因不明，還身無分文，但他的電影卻在1980年代初期再次受到注意。在一本由影評人麥可（Michael）

強尼戴普飾演艾德伍德。提姆波頓為重現這部1950年代導演導戲的片段和背景，用了不少預算。

及哈利米德維（Harry Medved）所寫的《The Golden Turkey Award》書籍出版後，艾德伍德的電影馬上為人們瘋狂崇拜觀賞，因為他獲頒「世界最爛導演獎」（World's Worst Film Director）這個令人「質疑」的榮耀。

　　在和戴普合作過《剪刀手愛德華》之後，提姆波頓緊接製作了令人驚嘆的木偶動畫電影《聖誕夜驚魂》（The Nightmare before Christmas）和超乎尋常的幻想喜劇《幻海大奇航》（Cabin Boy），同時改編兒童文學大師羅爾德達爾（Roald Dahl）的作品為動畫《飛天巨桃歷險記》（James ang Giant Peach）。波頓及伍德之間的關係似乎很強烈，所以把伍德的一生拍成電影的構想馬上吸引波頓。這兩位導演都是把自己瘋狂的構想放縱到影片中的人——伍德真的很可笑，但拒絕停止，而波頓則讚美他，但他也一樣不想停止。這兩個導演對褪去光環的恐怖片演員想法一致，伍德雇用將要死去且有毒癮的貝拉魯戈奇，而波頓則提供演出機會給文森普萊斯。

　　這部片原來的構想並不是出自波頓，而是編劇史考特亞歷山大（Scott Alexander）及賴瑞卡拉斯維基（Larry Karaszewski），他們在南加大是室友的時候就已討論過艾德伍德的企劃。「我們被他那多彩多姿的角色和魄力，以及決心給吸

馬丁藍道（Martin Landau，圖左）因演出有毒癮的貝拉魯戈奇而贏得一座奧斯卡獎。

引，」亞歷山大說。「即使畢業後我們開始寫其他的劇本，但這個構想仍深植我們的心中。」

　　與亞歷山大及卡拉斯維基曾一起在南加大工作的夥伴，導演麥可萊門（Michael Lehman）帶來了這個構後，提姆波頓馬上就被這個題材所吸引。「我感覺和他好近，」波頓說到艾德。「做自已喜歡的事是一件美好的事，不管是不是正確的，對異樣的眼光我保持著樂觀及快樂的精神。」

　　這部電影涵蓋了伍德平凡事業的最高潮時期，從他和貝拉魯戈奇成為朋友開始，一直到他認為是一部大作品，卻是可笑電影的《外太空九號計畫》的首映會期間。這部影片的結尾是快樂的，而不考慮讓伍德墮落於酒色之中。

　　「我是看著艾德伍德的電影長大的，」波頓回想著。「一開始我和其他人一樣，只記得『哇！這是什麼？』，但是後來知道這是很差，或是很好的東西時，只能說他是富有想像力的。艾德對自已的作品表現極高的忠誠度。他沒有讓技術細節，像是電線及不佳的設備妨礙他的拍攝。那是種古怪的完整作品。」這部電影原先同意由萊門當導演，但波頓發現自已越來越不能接受這個導演的才能，所以決定

艾德伍德夫婦（強尼戴普和派翠西亞阿奎特），在電影放映前享受首映的愉悅時刻。

要自己執導。

　　另外就是與文生普萊斯的關係。「那就是我喜歡他和貝拉魯戈奇友誼的關係，」波頓說道，「到死他還是以朋友相待，但卻不知道他到底是喜歡什麼，我把他提高到我對文生普萊斯的層次，這就是我對他的感覺。和文生見面對我有種驚人的衝擊，和偶像一起工作的艾德一定也有相同的衝擊，」波頓說。對波頓來說，為電影找出對的演員是一大要素。於是他轉向最近演出自己電影《剪刀手愛德華》的強尼戴普。「波頓創造夥伴」，丹尼斯狄諾維（Denise Di Novi）解釋為何由戴普接演，「艾德伍德是一個非常英俊而且令人喜愛的人，就像強尼一樣。更重要的是，強尼願為不尋常的角色冒險，及給予特別的處理和角色應得的尊嚴。」

　　「強尼喜歡這個題材，他有興趣，」波頓說。「我和強尼的想法很接近，因為我們內心深處的感覺是一樣的。拍了《剪刀手愛德華》之後我們更加自由了。而且這樣的象徵出來了：愛德華是比較內顯的個性，而艾德伍德則是外顯的。在與強尼

合作過後，我們的探索更加開放，這對我來說這很有趣。他眞的做得很好，而且他找到我喜歡的基調。」

戴普對波頓與他接觸演出《艾德伍德》一事記憶猶新。「提姆打電話給我的時候我剛好在家，然後他要求立刻見面。他眞的很神秘：『你有多快可以到福爾摩沙咖啡廳？』我20分鐘後就到了，他坐在吧台邊，我們坐下來喝啤酒。當他告訴我這個構想，我認爲這眞是一個不得了的構想，於是立刻回答『好，我們來拍吧』。他在晚上8點打電話給我，我到酒吧是8點20分，8點25分我就答應演出，完全答應。我已經對伍德的影片有些了解，我知道沒有人會像波頓一樣會把故事說得很好。提姆的熱情變成我的熱情，我曾拒絕過角色，然後非常後悔，我想過，如果拒絕這一個角色就會像一隻病狗一樣。」

對戴普來說，演出《艾德伍德》的角色是有些困難的，幾乎沒有直接和伍德有關的紀錄，除了一些黑白照片，當然，還有伍德自己的影片《Glen or Glenda》。戴普還可以藉由觀看稀有的無聲電影來了解伍德導怪片時的幕後花絮，他需要靠著自己對伍德的看法來想像伍德在眞實生活中喜歡什麼東西，然後再加上一些波頓的看法。「我讀遍任何可以取得的資料，」戴普解釋，「完全可以接受伍德的生活是混亂的。提姆想捕捉這個人的特質，而我需要呈現它。看完這些影片，然後把許多不同的人放到腦海中。我想要把他演成無論何時都是很樂觀、天眞、聰明又擅於表現自己的人。他很喜歡拍電影，電影是他的人生，沒有任何事阻擋他。」

在影片中，戴普詮釋下的艾德伍德，似乎很容易流於粗鄙和誇張——他經常露齒笑（幾個月來我無法把那個露齒的笑臉由我腦中甩開）。「我們試著給他加了點東西，把他炒熱，然後再開始拍攝。接著想出伍德這個角色的精髓。」

戴普不擔心角色準確度的問題，因爲這是第一次演出眞人故事改編的電影，不是虛構的角色。「認爲製片能完全準確捕捉到一個人的人生，這眞是句很愚蠢的話。從一開始，提姆和編劇們想要捕捉的就是一個眞正的好萊塢象徵。我認爲我們做到了，這不是推銷，是一種敬意的表現。眞正怪異的敬意，但卻是恭敬的。」這個角色對多數好萊塢的當紅演員來說是個麻煩的角色。尤其在變裝癖這個部分，可能會讓一些青少年偶像有其他的想法，但戴普卻不會，因爲和自己之前不尋常的作風一樣，他喜歡面對挑戰。「我並不是不害怕這個變裝癖角色的構想，」他說，「我把它視爲是穿著女性服飾這麼單純的試驗。我一定要這麼說，我對女人和變裝癖這回事有很深的敬意。我認爲艾德伍德穿女人的衣服是因爲他深愛女性，想要和

她們更親近。」

事實上，電影圈一直流傳著關於戴普研究這個角色似乎有些太超過的傳聞——每天穿著女性內衣來適應。「他在試驗，」編劇史考特亞歷山大說。「下意識地，當戴普緩緩踱步時，穿著安哥拉羊毛衣的他，會抓起乳頭邊的毛線，將它們在手邊繞來繞去。」

提姆波頓對於要把主角打扮成變裝癖人物似乎有些憂心。「我有點擔憂的是艾德的部分場景需要穿著異性裝扮。變裝癖容易成為人們攻擊的目標，還好強尼沒有把他演很可笑。除此之外，他穿起那些服裝真是好看……」

「當影片開拍前，」戴普說，「我收到由紐約女子精修學校（Miss Vera's Finishing School）寄出的包裹。她們教導男人如何變裝，以及如何表現的像女人的方法。包羅萬象，有講義和照片。信件上這麼說，『我們聽說你要演出此劇，我們可以幫忙你成為女人……』我仔細考量是否要到那裡看一看他們到底在做什麼。」

要把好萊塢當紅男演員變成一個女演員，對劇服設計家柯琳艾特伍（Colleen Atwood）來說是一種挑戰，即使他可以聽從自己女友凱特摩絲的建議。「艾德穿得像男人時，就是一個普通人穿著襯衫、黑襪子、領帶和背心的樣子。但當他穿著異性服裝時，真的是令人震驚，差別馬上看出來。扮女人時，我們在臀部及胸部加襯墊之類的東西。真的，強尼扮女人真漂亮。我們第一次讓他穿上安哥拉毛衣時，便說出『天啊！真是漂亮！』的話。」

戴普並不認為自己女性的扮相很美，所以禁止自己的變裝照片成為雜誌封面。「當我第一次照鏡子時，我認為自己是看過最醜的女人。我的意思，我穿那些衣服看起來很巨大，相當龐大！」令人安慰的是，這讓他更了解伍德。「真是令人起雞皮疙瘩。唯一一次覺得很怪的我是要表演脫衣舞，但我並不害怕觀眾們會怎麼想，因為我如果看起來很怪的話，會糟蹋整個效果，所以我越來越會穿高跟鞋了。」

演出伍德太太的派翠西亞阿奎特（Patricia Arquette），同時也被戴普的異性裝扮所吸引，她同樣也很高興與他一起合作。「真是驚人，他很自然，他不穿女裝的時候我會給他一些訣竅，特別是在穿著有帶子的胸罩的時候，他對於在誰的面前脫衣服是很嚴格的。因為他，讓大家充滿能量，如同提姆是電影的另一個力量一樣。我們有很親熱的戲份，他會為了要拍得正確就待在那裡幾個小時。我不像他這麼有紀律，有些鏡頭還是會笑場，但強尼可以把他演的很正確。」

《艾德伍德》的其他角色拍攝得相當快。馬丁藍道也因演出貝拉魯戈奇這個角

飾演朵樂絲（Dolores）的莎拉潔西卡派克（Sarah Jessica Parke），重現《Glen or Glenda》的場景──接受艾德是個變裝僻人物。

色，爲自己在1995年贏得奧斯卡最佳男配角獎，同時化妝技術也贏得最佳化妝獎。

　　我發現和馬丁的合作是這麼容易，每一段演出呈現的不是劇本中的故事，而是人生。我對他的感覺是真心、真實的。」戴普表示。

　　1993年8月5日，劇組開始重現1950年代的好萊塢和伍德的三部重要電影場景──《Glen or Glenda》、《Bride of Monster》和巨作《外太空九號計畫》。這之中，最大的挑戰是要用非常低的預算重現一模一樣的場景，製片們發現，重現伍德拍片場景的花費，遠比伍德本人當年花在所有影片中的經費還多。

　　「那時真的是很生氣的拍，」戴普回憶說，「我的意思是真的費功夫的在拍。我們在好萊塢一個陰暗、密閉和通風不良、非常不舒適的環境中拍攝，我的腎上腺素幾乎一直分泌……但每個人都給這部電影200分。我想這是我拍過整體表現最好的，我不認爲我曾經和每個人這麼緊密地工作過。」

　　戴普對此片的完成有很高的期望，這和他所習慣的拍攝程序似乎不大相同：

「這是第一次認眞看待自己所演出的片子。我眞的很興奮,因爲這是很棒的經驗。拍攝期間,它讓我覺得自己可以和以前所拍的爛片說拜拜了。」此片完成於1993年11月17日,但直到1994年10月才在美國本地上映。《艾德伍德》的評價絕對是正面的,但票房確平平。《艾德伍德》在歐洲的賣相比較好,英國於1995年上映,接著在坎城電影展上成爲首映片(此時強尼戴普正在拍攝兩部新片)。

《鄉村之聲》(Village Voice)雜誌便評論:「這部片沒什麼,如果你不知道演什麼的話。戴普演出的是一位天眞、興奮、狂熱的導演,他也曾溫和而又無條理。嘴邊留了一道八字鬚,牙齒像是表演腹語的木偶一樣齜牙咧嘴,他因自己的夢想和信念而興奮。《艾德伍德》完美無瑕地創作出來,果眞如同愛挑剔的波頓的作品一樣。」《娛樂週刊》的李察可力士稱讚戴普爲:「模範演員,因爲每一次的羞辱在他的臉上呈現的,還有英雄地微笑。」在年底的投票,《艾德伍德》名列年度三大影片之一。英國《帝國》雜誌評論:「這是戴普眞正迷人的演出,不管有沒有變裝,他贏得另一個奇怪的角色,這再次讓他這個有才能的年輕演員顯露才華,十足佩服。」

最後,戴普對艾德伍德個人有些建議,而那好像是懇求之後的作家們應該要來看戴普的作品。「艾德是一位不怕找機會來完成自己願望的人。我認爲,他用所擁的一切,做出最好的東西,然後組合在一起的影像是個超現實又眞實的東西。他所有的電影都是爲自己而做,名副其實。我希望艾德是以藝人的身分被紀念。」

《這個男人有點色》(Don Juan De Marco)的構想是來自小說作者傑瑞米李文(Jeremy Leven),他之前的作品曾改編成電影。在過去的期間,他曾是電視導演、學校老師、州立醫院的心理醫師、哈佛大學的教職員和已開業的心理醫生。他把這些多變的角色,加進到《這個男人有點色》的創作中,「我一直希望能拍一部跟女人、愛、浪漫和性有關的電影,」他解釋,「我總是懷疑是否有人拍過唐璜的電影。」

爲研究創作主題,他回到出生地康乃迪克州的書店。在那裡,他發現了一本由拜倫(Lord Byron)寫,關於唐璜(Don Juan)的書籍,於是便把它當作素材,後來,這本書啓發了李文創作另一個電影劇本原著,「拜倫的書是一本又長又大著作,當然還有很多的政治議題在裡面,但有一些很棒的場景,」李文說。「我無限制的運用適當的場景,但是卻爲了另一個議題而採用它。」

　　李文的個人背景是心理學家，這使他對唐璜的迷戀和自己的個人經驗混和在一起。劇本中他所創作出的心理學家傑克米克勒（Jack Mickler），可說是個催化劑，讓他可探索模糊的幻想與真實。年過30過，米克勒對解決別人的問題不再感興趣。他被同事和老婆孤立，面對即將退休，於是事情開始變得不一樣了，因為接了一個極度迷人的案子。而《這個男人有點色》的故事正是為他的事業及生活注入新活力的過程。

　　進入強尼戴普的世界就像進入到《這個男人有點色》的世界。影片是由一個年輕男子站在高40英尺高的廣告看板上開始。這個角色叫唐璜，他戴著面具，隨風飄動的斗篷配上揮舞著的劍，是世界上最偉大的愛人。他誘惑超過1500個女人，但其中一個他愛上的女人卻拒絕了他，這讓他沒有活下去的理由，而自殺，似乎是最後一個選擇……

　　接著進入到米克勒博士——李文編劇及導演的第二個我。警察請他來處理這個瘋子，而米克勒成功的說服這個穿斗篷的人。在即將退休之際，他被一個戴著面具的年輕人所吸引，但仍然接受這個奇特的案子。

　　「《這個男人有點色》是一部用輕鬆、幻想手想拍成的電影，」李文說。「戴普演出的唐璜是一個完全為愛而愛的人，對唐璜來說，是不是真有這麼回事就不重要了，至少他對米克勒造成很大的影響……」李文在電影原著完成時，對誰可能出任主角一點想法也沒有，「我聽說強尼戴普想演，」李文解釋，「我一點也不驚訝，這一點也不難看出這個當紅有多引人注目，拉丁人長相的帥哥演員認為唐璜是個理想的角色。」確實是，《帝國雜誌》評論道，「強尼的出生就是為了這個角色，他俊俏的長相、深情的眼神，是人生中魅力和愛的最佳武器。」

　　當然，似乎是戴普以前所演的角色將帶領他到現在這個位置。雖然他曾拒絕被當青少年偶像，但他的確敏銳地察覺到自己在幕前及幕後對女人的影響。演出這個媒體已經為他塑造形象的角色，他可能會有點樂趣，加上戴普現在已經到了可以影響其他演員的位置上了，「戴普說只要馬龍白蘭度演出心理醫生他就會演，」李文說，「那個時候我以為這個企劃已石沉大海了，但又一令人震驚的是，聽到白蘭度也有興趣。」

　　能和著名的馬龍白蘭度合作，是強尼戴普長久以來的夢想。以戴普的名氣，對低成本的電影來說已足夠了，但他真的能影響和吸引像白蘭度一樣這麼有名的演員來演出這部小成本，有點奇怪的電影？

　　年近30的強尼發現，自己被當作是這一世代最偉大的演員，而且老是被拿來和馬龍白蘭度比較。這樣的比較是有意義的，因爲他是這位經驗老道，而且才剛慶祝過70大壽生日演員的仰慕者。

　　在40年（稍具爭議性）的演戲生涯中，馬龍白蘭度拍了35部電影，他可以說是美國電影戲劇標準化的先驅者。7次由影藝學院提名爲最佳男演員，兩次贏得獎座：《岸上風雲》（On The Waterfront），和《教父》（The Godfather）。白蘭度建立起讓人忌妒的肢體語言——特別的是，有人注意到戴普的演藝事業似乎和他有些相同。《薩巴達傳》（Viva Zapata!）、《凱薩大帝》（Julius Caesar）及具爭議的《巴黎最後探戈》（Last Tango In Paris）則確立了白蘭度的名聲。1978年，他以100萬美金的酬勞，在《超人》（Superman）中客串露面15分鐘——這也確立了他的傳奇地位。

　　白蘭度和科波拉（Francis Ford-Coppola）合作過《教父》及《現代啓示錄》（Apocalypse Now）。由於科波拉的關係，才說服白蘭度演出《這個男人有點色》中心理醫生的角色，因爲科波拉是電影的三位製作人之一，科波拉在這個完美的位置上，使戴普得以美夢成眞。

　　費唐娜薇在這部小製作的電影中演出米克勒太太的重要角色。唐娜薇和戴普在《亞歷桑納夢遊》中合作過，所以並不陌生。但她也沒有和馬龍白蘭度一起演過戲。看著白蘭度和戴普在《這個男人有點色》中一起演出，唐娜薇感覺到了傳承，「很顯然的，強尼是繼承人，」她宣稱。

　　演出過30幾部影片，《這個男人有點色》只是她演藝事業的小點綴。這個角色引人入勝的地方是夫妻之間的愛情火花。唐娜薇對二位男搭檔有肯定、正面的看法，「馬龍是一個偶像、一個夢想，」她說，「他對世上每個演員來說都很神秘，而強尼是第二個馬龍。」

　　拍片期間爲了發展親密的合作關係，幕前、幕後白蘭度與戴普都儘量待在一起。「能和馬龍白蘭度和費唐娜薇一起工作眞是令人興奮，他們是很有成就的演員，與他們一起工作、學習，我與有榮焉。」

　　戴普很快的克服和白蘭度一起工作時的焦躁。「唯有心跳而已，」他說，「在去他家的途中我眞的很緊張，但當我一看到他，就馬上不可思議地放輕鬆，接著馬上說『哈羅！』。他就是這麼棒、這麼的奇妙，他是我接拍這部戲最大的因素。」《這個男人有點色》有夢幻的卡司——執行製作派翠克帕馬（Patrick Palmer）便說

唐璜找到機會遮起自己的俊俏長相——戴普戴上面罩，這會使演技被奪去光彩。

道：「我們有超過60歲最有才華的演員和不滿30歲，最有才能的演員，以及一位好萊塢最受稱讚的女演員。」

在戴普所拍的這麼多部電影中，《這個男人有點色》的角色，他是最後一個確定演員。「傑瑞米的劇本真是傑出，」他評論著說，「真是不得了的劇本。我角色的對白是這麼富詩意又美好。」他繼續說，「我角色的挑戰是需要有點驕傲和高貴，但又要有一點可愛。我必須演出一個有自我的人，但卻又是很迷失的人。」

傑瑞米李文對此片有些自我期許，「我認為，唐璜這個角色需要和許多方面有關係——對生活的重要性、人與人之間的關係。這是關於重生的故事，包含人們的生活方式。更重要的是，要能活著。」

《這個男人有點色》在全球各地皆受歡迎，影迷們非常樂於看到白蘭度這個傳奇人物回到幕前演出。「真是令人驚訝，」《娛樂週刊》先前對該片的評語是「年度最異想天開、極度冒險」的影片，然後還聲稱「最不像是浪漫喜劇」的三人組合。但最後的讚美卻留給了主角強尼戴普，「適當地混和著容易受傷及冒險的個

性，」《時人雜誌》給戴普的評論。而英國影評則給了與眾不同的想法，《蘇格蘭週日報》（Scoutland on Sunday）稱讚戴普的演技是「完全令人愉快……長期以來被社會邊緣人角色所吸引的戴普，這次的完美演出有生命、有著孩子氣的愉悅男人。」《衛報》（The Guardian）評論：「樂見強尼戴普在白蘭度面前以最佳男演員在好萊塢立足，這個角色似乎是為了他量身訂作，他的演出沒有自戀和娘娘腔的感覺。」

戴普完成了另一部有魔咒的成功電影，但令人疑惑的是，他是否能夠繼續演出古怪角色，讓他往主流電影前進，同時成為動作影星的壓力逐漸地不可抵抗。

1995年春天，戴普因兩部非常受讚揚的電影獲得成功的滋味，一部是在全世界都很成功的商業片。他和凱特摩絲大膽朝法國前進，參加1995年春天的坎城影展。

坎城被認為是好萊塢的度假勝地，因此吸引了很多的好萊塢明星來這兒推銷自己的電影，然後快樂地抱著獎項離開歐洲。這個現象是從1990年代的美國電影開始：昆汀塔倫提諾（Quentin Tarantino）的《黑色追緝令》（Pulp Fiction）和柯恩兄弟（Coen Brother）的《巴頓芬克》（Barton Fink）得到夢寐以求的首獎——金棕櫚獎。這年戴普有兩部影片在此上映，一是提姆波頓的《艾德伍德》，另一部黑白片，由吉姆賈木許（Jim Jarmusch）執導的《你看見死亡的顏色嗎？》（Dead Man）。

在履行參加坎城開幕影展及記者會的責任之前，他和凱特摩絲在法國度假——這段時間戴普都在歐洲旅行。在5月份這個絕佳的時間裡，《艾德伍德》及《這個男人有點色》這兩部電影準備在歐洲大陸上映。走進到報攤或打開電視，若沒有看到戴普伴隨著吐出的煙的俊俏臉龐，出現在雜誌上或電視訪談中絕對不可能。雖然他厭惡媒體沒有誠實報導他的事，或者沒有適當處理關於他的報導，戴普就像所有的好萊塢明星一樣，樂於利用媒體當新片的宣傳工具。

《艾德伍德》及《這個男人有點色》得到喝采，但《你看見死亡的顏色嗎？》在坎城卻得到正反兩極的評論。影展後期，當影片快要結束放映時，觀眾席中的一個法國的評論家，經過深思熟慮，大聲叫罵、批評了起來：「一部濫片！」持不同意見的獨立製片導演吉姆賈木許突然變得正經起來——戴普理想的合作者已經找出

影評們同意戴普古典拉丁的長相，活像是唐璜迪馬哥的一部分，他生來就是要演出此角色。

來了。

《你看見死亡的顏色嗎？》是一部有點催眠、進展緩慢的影片，這點讓西方人士嚇到。戴普演出一個面貌皎好的人，受到基頓的啓示而流浪的會計師威廉布萊克（William Blake）。對吉姆賈木許來說《你看見死亡的顏色嗎？》是一部關於一個年輕男子身心靈之旅的故事。威廉布萊克旅行到美國西部邊境地區，這裡有一半以上都看起來像是19世紀時期。在極度迷失、疑惑時，他碰到一個被放逐、名叫無名氏（Nobady）的印第安人，這個印第安人相信布萊克就是已故、同名的英國詩人作家。

故事就是因爲無名氏的參與而變得詼諧又暴力。接下來發生了許多與布萊克本性完全不同的事件，活生生把他變成一個殺人犯，以及逐漸逝去生命的亡命之徒——他闖入了一個冷酷、混亂的世界，放眼望去，他看見這個生命如此脆弱的世界，竟在這個國家的另外一端。

在內華達州拍攝《你看見死亡的顏色嗎？》時，戴普住在馬凱大廈（Mackay Mansion），這是一棟維多利亞風的三層樓建築，它因一個穿著絲質禮服，腰繫藍色腰帶的小女孩鬼魂而出名。戴普對鬼和它們造訪的故事及幻想讓記者非常喜愛。「當我是小孩時我做過這樣的夢，」他說，「但那不是夢，我醒著，但卻不能動，也無法說話，然後有一張臉靠近我，有人告訴我那是死掉的親人，但他們又無法說出他們想要什麼，我相信這是眞的。」在巴黎時，他甚至住在奧斯卡懷德（Oscar Wilde）死掉的房間裡，而且整個房間都是他的家具。「那一張床確定是他過世時躺的床——但我不確定是那個房間，是我甚至有點妄想會在凌晨四點鐘時被他的鬼魂騷擾。」

在吉姆賈木許的《你看見死亡的顏色嗎？》中，戴普的經紀人看到出現在提姆波頓《艾德伍德》中的同樣狀況。「在拍《艾德伍德》時，戴普有7部影片的邀約，但他爲了提姆波頓而拒絕了他們，」經紀人賈克說，「他對提姆的忠誠讓他困在這種情況有6個月。他對《你看見死亡的顏色嗎？》做了同樣的事。」戴普要繼續在好萊塢保持拍這種半叫座的影片，還是要跟著遊戲法則拍攝熱門的動作片。崔希賈克被問到當戴普拒絕演這些商業片時是否感到沮喪，「沒有，」她加重語氣回

戴普和凱特摩絲的戀情因摩絲想把事業放在戴普想有小孩的期望之前而告吹。

答。「我是否希望他接演千萬片酬的電影？那是當然的，我又不是笨蛋。他要演出商業片，只是要在對的時間、有對的影片的時候，只有這樣而已。希望這些電影在他有時間的時候再來接。」

拍攝《你看見死亡的顏色嗎？》的地點是在亞利桑那州的瑟多那（Sedona），以及內華達州的維吉尼亞城，這兩個地方的強風及乾燥的天候讓拍攝變得很困難。「這樣的能見度，」戴普承認，把手舉到臉前。「你很難看到攝影機，也看不到任何人。但還不錯啦，真的。我站在霧中。」還有什麼事比不會被導演打斷更令人高興──這讓他自由發揮，讓他沉迷於自己演出的版本和角色，而不被打擾。和吉姆賈木許這樣有獨創性的導演來說──即使是個朋友──距離感對戴普是很重要的。「他是我合作過最精準和專注的人，」戴普說到吉姆賈木許，「整個工作團隊都大感驚訝。這是我對他不太了解的一部分，你知道嗎？我比較常看到他整夜開著電視在沙發上睡著。在某種狀況下，這是適合的，他真是一個矛盾的人物。」

賈木許在5年前遇到戴普，並特別為他寫了一個主角的角色。「我喜歡他的是一個纖細，但又有非常完美的體型，特別是在演戲的時候。他有著獨特的眼神，對戲劇來說有獨特的韻味。我本來不太欣賞他，直到和他一起工作。他不會表錯情或太做作。」

在《你看見死亡的顏色嗎？》中的角色，強迫戴普評估自己事業的狀況。甚至在最近一系列的成功之後，這個演員開始體會到他再也不能投身於這類古怪的角色裡，而好萊塢的集團也表示，他必須開始接演主流商業片角色。但這樣的期望卻不會像他年輕時擔心一樣──他對古怪角色開始覺得煩。「我希望這是我最後的無辜角色，」戴普說到《你看見死亡的顏色嗎？》：「這個角色是，再一次像天真的年輕男子一樣，只想要得到生命。他非常盡力的想要活，但最後卻是慢慢的死去，而且他知道他快要死。這真是個美麗的故事。」

《你看見死亡的顏色嗎？》在坎城的影評雖然不像觀眾席中的法國評論家一樣的嚴酷，但很清楚的是《你看見死亡的顏色嗎？》不是一部可以特別輕鬆觀賞的影片。英國《衛報》評論道：「看來是一短篇故事的情節，被賈木許拉長到兩個小時，所以令人發怒，加上他那自認幽默的哲理預言，但又要人用心看。」

戴普有兩部片在坎城參與角逐，但卻都鎩羽而歸。不過，他卻替導演艾米爾庫斯杜力卡三小時片長的歷史劇《地下社會》獲得金棕櫚獎而高興──這是部關於他家鄉前南斯拉夫內戰的故事。

環境所逼,威廉布萊克(強尼戴普)由一個舉止溫和的人變成一個冷血殺手。

　　坎城影展的行程，以及宣傳提名電影的活動不久便結束，於是他有時間來慶祝自己的32歲生日——1995年6月9日。而在這之前他從拍攝導演約翰貝德漢（John Badham）的《絕命時刻》完，才休假到坎城。《絕命時刻》是好萊塢非常認同的電影，戴普接演這個正直的角色，這是最接近基努李維及布魯斯威利（Bruce Willis）會演的英雄角色。這也是他在演戲生涯中一直在避免的事，但再也無法拒絕。

　　《絕命時刻》是一部重拍《擒凶記》（The Man Who Knew Too Much）的大預算電影。《擒凶記》原著拍過兩次，第一次是在1934年，由蕾絲莉班克斯（Leslie Banks）及彼得洛利（Peter Lorre）演出，之後在1956年由詹姆斯史都華（James Stewart）及桃樂斯黛（Doris Day）演出彩色版本。原著是描寫為了要阻止小女孩的父母揭露所知的政治暗殺陰謀，而綁架女童的故事。《絕命時刻》則有點曲解原著，它把故事變成一個年輕的專業人士為了要救自己的女兒，而被迫去執行政治暗殺計畫。這是戴普唯一一部和約翰貝德漢合作的電影，總收入超過千萬美元。這部片把這個古怪、持不同意見，但體貼的演員，變成真正的賣座動作片明星。

　　戴普演出保守的會計師金華特森（Gene Watson），在前往聯合車站（Union Station）時，被看起來像是公務員的史密斯先生（克里斯多佛華肯，Christopher Walken）抓去當殺手。在知道發生什麼事之前，他受指示要在80分鐘內去殺某個不認識的人，否則他的女兒就會被殺掉，戴普的角色接受了挑戰。這部影片在觀眾觀看的同時也逐步揭露出真相，而這奇想讓這部電影於1995年在美國上映時吸引了很多觀眾進電影院觀賞。

　　對戴普來說這個角色的吸引力就是「清楚」。金華特森不是他以前演的那些奇怪角色，但這個個性溫和的會計師的角色困境，可以讓演員有發揮的地方。它同樣加強戴普對家庭承諾的想法，也因為這種想法讓他和有事業野心的凱特摩絲關係緊張，就如同和薇諾娜瑞德一樣。

　　「金在短暫的時間中經歷了一次又一次的偏激行為——從一種情緒到另外一種情緒，」戴普說，「演出吸引我的道理很容易理解，家庭對我來說很重要。我很愛我的姪子和姪女，如果他們發生任何事情我也會抓狂的，而我也會盡全力的解救他們。」

　　讓戴普和克里斯多佛華肯搭檔是約翰貝德漢的一個重要提議，能和華肯合作是讓戴普答應演出好萊塢英雄電影角色的關鍵。《絕命時刻》具有諷刺意味的性質，這足夠讓戴普答應演出。

戴普和導演約翰貝德漢在《絕命時刻》的拍攝現場。

　　把影片拍成像是紀錄片對貝德漢是很重要的，可以真實補捉的特性，也給戴普多了一些新的挑戰。「有很多場戲用了兩三部攝影機，這減少了拍攝的次數，同時讓演出自然並且生氣蓬勃，」戴普說。「你不會被限制在攝影框內，可以到任何地方做任何事。」電影拍攝從1995年的4月2日到6月19日，戴普一直住在洛杉磯市中心的朋納凡丘飯店（Westin Bonaventure），這裡很靠近影片拍攝的聯合車站。

　　曾有幾天戴普的拍攝狀況不是很好，「強尼會在早上7點來到拍攝現場，我認為他是做好準備的。」貝德漢向雜誌談到這個片酬450萬的明星，「他會心煩意亂的站在那裡，但表情卻很專注。」貝德漢不會詢問他昨晚做了什麼，「為什麼要問這種事？我了解的是，他有沒有上床睡覺根本沒有關係，至少他現在就在這裡。」《絕命時刻》的搭檔葛洛麗亞盧本（Gloria Reuben）不太在乎戴普的男主角是行動莽撞的人，「戴普是雙子座的，非常容易受到傷害，有一點靦腆但很有趣……如果他要和我一起砸飯店的房間，我是願意的。」

　　電影中除了要有即刻反應的噱頭外，還有戴普的動作戲，然而《絕命時刻》並沒有達到片商的期望，同時產生了兩極化的批評。《娛樂週報》說戴普為了擠身主流片動作片明星而接拍此片。《芝加哥太陽時報》（Chicago Sun-Times）的羅傑艾柏

（Roger Ebert）則表示，他並沒有在《絕命時刻》中看到戴普的動作演出：「戴普轉變成一位讓人驚訝的動作片英雄是毫無疑問的，因為他不是史特龍（Stallone）。他試著要用腦子來思考該如何救出自己的女兒，而不殺害州長，而結果看起來很聰明。」然而，有人表示這部片有點太做作，艾柏認為是那花招、噱頭的關係，「它的效果……真是奇怪，而且還要看螢幕上的時間才知道電影還要演多久。」

　　《舊金山記事報》（San Fransisco Chronicle）稱這個說故事的手法，「完全見效……提醒人們記起希區考克式的妄想夢魘——特別是《北西北》（North By Northwest）這部片。」除了這些以外，《絕命時刻》在美國不賣座，它似乎注定要透過影片出租系統發行到其他國家。

　　毫無預期的，繼《這個男人有點色》之後，戴普很高興能再與馬龍白蘭度一起演戲。在《Divine Rapture》中，戴普演出調查愛爾蘭宗教奇蹟事件的記者，另外還有黛博拉溫姬（Debra Winger）和《你看見死亡的顏色嗎？》的男搭檔約翰赫特（John Hunt）。1995年7月，他們到達愛爾蘭的拍攝地點，同行的還有演出神父的71歲白蘭度。

　　《Divine Rapture》是部企圖演出神蹟的黑色喜劇電影——事實上它後來成為好萊塢的大笑話。黛博拉溫姬飾演一個死而復生的漁夫太太，而白蘭度則演出整理、分類這些神蹟事件的神父，例如魚從天而降之類的事。考慮到戴普和媒體的關係，編劇讓他扮演前去報導、調查宣稱有神蹟事件的記者，約翰赫特則是演出當地的醫生。從7月中旬開始連續8個星期的拍攝是既緊湊又充滿壓力，「我已經來了8個星期，」導演說，湯姆艾柏哈特（Tom Eberhardt）是前製作業的顧問。「大部分的時間，天候狀況真的很棒，然後當我們準備拍攝就開始下起雨來。」

　　《Divine Rapture》的第一個預兆是從上帝而來的——愛爾蘭天主教會。被選為拍攝的場景之一的兩間教會，在拍攝計畫一開始就因降下大雨而停止拍攝，於是當地的神職人員便直覺地說：「教會不是拍攝電影的場景。」接著當地的主教就禁止劇組使用這兩間教會，而且對白蘭度演出天主教神職人一事，認為很可笑。

　　在拍攝《Divine Rapture》應該要正視所有的警告，因為更糟的狀況即將來臨，即使當地450位居民列隊熱烈歡迎拍攝小組——因為好萊塢電影對他們來說就像是口袋中的錢，而付給馬龍白蘭度的400萬片酬，必定對當地的經濟發展有幫助。

　　當地街道指示牌的油漆工在影片中擔白蘭度的背景鏡頭和遠鏡頭的替身，當他

發現自己在好萊塢的賺大錢夢想竟是一天35英磅，便馬上辭職，「我再也無法接受了，」他說出想說的話，然後回到一天45英磅的油漆工作。在這些問題中他只得到和白蘭度握手的機會。於是再一次地，沒有人看出這個徵兆。《Divine Rapture》註定是失敗的影片，卻沒有人看出來。

馬龍白蘭度搬進到鄰近的高級公寓，據說一個星期要花費4000美金。當地人很失望的是他不太常出來，除了白蘭度發現自己竟熱衷愛爾蘭的事情之外，「人生中我從沒這麼快樂過，」他在到達機場時這麼說，「當我一踏出飛機時，我的內心感到激動，這裡有家的感覺，這是從來沒有過的感覺。我正思考是否該成為愛爾蘭公民。」

拍攝的進度一再延遲，最後終於輪到戴普的戲了，他爬上圍牆拍了幾張照片。隨後被成群的影迷團團圍住，他簽了一些照片接著生氣勃勃的搭著豪華轎車回到出租公寓。雖然凱特摩絲幾天後就會與他會合，但戴普的發言人卻說這個演員想家了，還想念他新養叫Moo的小公狗，牠是凱特送的禮物。在這個城裡，戴普確實有一個朋友可以分擔他和寵物分開的憂傷——那就是新蝙蝠俠方基墨（Val Kilmer），他與英國女演員瓊安華莉（Joanne Whalley）轟轟烈烈的婚姻，似乎在第一個小孩出生後變得搖搖欲墜。

7月17日，《Divine Rapture》進行拍攝工作幾天後因財務困難而被迫停止。依好萊塢的預算標準，還短少1千600萬美元，法國的贊助公司還沒考慮是否要把資金投資進來。白蘭度的酬勞已先預支達100萬美金，但其他演員還有工作人員，包括戴普就沒那麼幸運了。「基本上，什麼都有，」導演湯姆艾柏哈特說，「真是滿屋子的問題和高層製作人。」

影片的拍攝處於放棄的狀態就有幾個星期，直到7月24日，才正式取消這個拍片計畫。上週五發給演員和工作人員的薪水——還有一些個案——是幾個星期以來的薪水，這些錢看起來真是毫無價值。艾柏哈特看到自己7年的企劃，竟在一個星期中完全垮掉，「非常遺憾，」便讓製片人發表譴責財務贊助人的聲明，「我們必須停止《Divine Rapture》的拍攝，不管金主是否繼續支持，資金已經不足了。」

「除了演員及工作人員外，我們非常難過、震驚，這讓我們無法繼續一個美好的計畫，我對支持我們的居民表達深深的感謝，我們會盡可能的補償。」

電影公司不只是欠演員及工作人員薪水，影片停拍時，漁民、旅館和供應餐點的人員也被影片公司欠錢，連他們住的海景飯店，也欠了20間房間的租金。當地旅

館業者希望隨影片而來名聲及財富，皆因影片的失敗而破滅。「我們希望因影片的拍攝能把旅館推銷到全世界，讓訂房率能整年滿檔，」旅館業者表示。即使是白蘭度住的，屬於英國人開的高級公寓也被欠錢，「我在星期六早上收到支票，但不知道會不會兌現，不過保證有人會付的，」白蘭度承諾會付園丁、廚師，以及兩個管家的薪水，直到他離開——他很快地於7月25日星期二那天付款。

　　強尼戴普在影片於7月17日暫停時就已放棄拍攝，他和凱特摩絲一個星期的法國之行，後來竟變成永久離開。當然，戴普沒有回到拍攝地點，也就沒收到那完成的20分鐘的酬勞。

　　長久以來，戴普就想要離開美國到法國定居，然後再回到好萊塢或英國拍片。巴黎是戴普最喜愛的城市，一個他最常去的地方。然而，他還是沒有固定的住所。1994年，戴普在英國的某天，他在加州的租屋處Laurel Canyon因洛杉磯地震而毀壞了，房子要7月個才能修復，所以他被迫要住在飯店——戴普宣稱他曾經一度住遍洛杉磯所有的飯店。要在美國或是歐洲購屋在他內心交戰也只是最近一長串的創傷之一。「在巴黎一切感覺都不一樣，」戴普解釋巴黎的吸引力，「比較有工作的感覺，而不會老被人認出來。」他不可能知道要在巴黎定居這模糊的瞑想，最後會引領出一個全新的生活，以及自己在年屆40歲時，會戲劇性地改變了事業的方向。

　　即使說到要搬到巴黎，戴普還是在洛杉磯置了產，這是他已經說了很久的，他要買的一棟位於好萊塢的房子。其他的好萊塢房子是不行的，他有特別要求，「我想要買的是貝拉魯戈奇的老房子，」在參觀過如斷垣殘壁的哈利胡迪尼（Harry Houdini）的房子之後他表示，「艾洛弗林（Errol Flynn）、卓別林，我要老房子，有歷史的，再加上，我想要有景觀的房子。」

　　戴普最後在1995年10月下決定，以230萬美元買下貝拉魯戈奇的老房子，同時稱它為「城堡」（The Castle）。這是1930年代，魯戈奇在事業巔峰時買的，坐落在近好萊塢日落大道（Sunset Strip）上，2.5英畝的土地上，擁有圍牆及大門的900平方英尺的建築物。「綠野仙蹤（The Wizard Of Oz）的部分場景就是在這裡拍攝的，這是一些不錯的小趣聞，」戴普說到自已的投資，「我就是喜歡這棟房子，設計得很奇怪，非常不尋常……像是座落在好萊塢中的奇特城堡，但我鮮少住在那兒。」戴普終於從他《艾德伍德》的搭檔馬丁藍道得知他的「消逝的歷史」。

　　買了房子，再來是家庭，戴普終於想定下來了。但和他一樣有野心的伴侶凱特

摩絲，並沒有要放棄正在起飛的事業的意思，仍繼續做全球巡迴演出。1995年底他們的關係結束，如同薇諾娜瑞德一樣，壓力是世界聞名的情侶所要付出的代價。當凱特摩絲到紐約走秀時，戴普隱退到Viper Room，據小報報導，他讓一群波霸包圍著，治療他的失戀。

「凱特離開我是我的錯，」戴普最後承認，「我不能因某些原因就變得容易惱怒，特別是在拍片時，事情並不如我所想像，我不應該把情緒帶回家，或者，至少……我不應該讓事情繼續佔據我的心，對凱特來說已經夠了。」

戴普對有家庭的想法越來越強烈，這也是毀壞他們關係的最後一跟稻草。「我想要成為一個父親，時間對我來說剛剛好。我開始對凱特說明這種想法，我認為她會熱情回應，但她沒有。凱特說生小孩不是她現在的唯一選擇，這讓我很震驚。我從不認為她還沒準備好——這樣的事實。我是否會找到某人像我愛凱特一樣多，然後願意為我生小孩的人？我無法挽回，除了結束……」

熬過分手，戴普投入工作，演出最好的一部作品，同時把實現長久以來想導戲的夢想。然而，想要有個家庭的欲望是不會消失的，只是暫停一下而已。

1995年10月戴普終於花了230萬美金買下貝拉魯戈奇位於日落大道的房子。

演出《驚天爆》讓戴普可以和真實的故事人物相見。他的精心研究讓結果可圈可點。

　　幫派小說《驚天爆》（Donnie Brasco）是根據1989年，聯邦調查局派出的探員喬彼史東（Joe Pistone）的回憶錄所改編，細訴他在紐約波納若（Bonnano）黑幫家族臥底的日子——終於可再次看到戴普接演真人故事改編的角色，他是勇敢、真實的成人角色。強尼最初是被保羅艾達納休（Paul Attanasio）所寫的緊湊、超長電影的劇情所吸引，儘管這是如《龍虎少年隊》的臥底角色，他仍為唐尼（Donnie Brasco）這個角色所著迷。

　　然而，艾達納休更關注戴普的臥底偵查工作對他自己及家庭的影響。這個角色可以持續演出好幾年，因為彼史東花了長時間和心力讓自已被這個犯罪家族所接受。對戴普來說，彼史東的臥底工作和演戲是非常相似，不過，就如戴普所說，如果他搞砸了，大可重拍那一場戲。彼史東每天則得要精心安排，才能過日子：一失手就會喪失生命。

　　戴普的第一步就是要了解彼史東這個人。不像扮演艾德伍德一般，他有機會可以見到角色的本尊。「他說話的節奏很有趣，」戴普說，「我盡力地在學，我讓自己承受壓力，目的就是想把他學好。我只是假扮，而他是靠著這個在生活。」

　　《驚天爆》決定由英國導演麥可紐威爾執導（Mike Newell，因《你是我今生的新娘》而爆紅），同時而來的是從哥倫比亞公司來的4千萬預算，以及1996年2月到4月的拍片檔期。當拍片時間越接近，戴普扮演警察臥底滲透進黑幫集團的壓力就備感增加。在紐約研究犯罪集團的拍攝場景時，他便注意到，「這些是真人真事，這些家族有很強的自尊心及實力——他們只是在法律的另一端。」

　　戴普滲入黑幫一段時間後慢慢贏得魯吉洛（艾爾帕西諾，Al Pacino）的信任，但戴普的角色後來對自己的忠誠度產生矛盾，甚至有人格分裂的狀況，而他的臥底工作家人全都不知。

　　對紐威爾而言，他是在戴普來了之後才加入的，他說戴普是這個角色的唯一選擇，「除了先前那一些心軟、奇怪的角色，我們看他以前拍的片子時有一點擔心，」紐維爾承認說，「但強尼的表演像是個長跑選手一樣，你從頭到尾看著他演。在這裡，他演一個不像自己的年輕人，檯面下的角色一開始是很冷漠的，但和黑幫們相處久了，卻讓他變得更像人，改變開始發生。」

　　「他非常有禮貌，從各方面來說，是一個非常溫和的人，」紐維爾說到戴普，「但我還是認為他的心中有個魔鬼。在欲望之下，你可看到暴力的成分，這真是個非常好的精神能量，能讓兩種互相對抗的善和惡，得到平衡。」或許戴普心中的惡，讓紐威爾看出來了，而他在《驚天爆》的表演和他以前的影片比較，這真是一部不同的電影。「當我拍《驚天爆》時，業界傳說，『他終於演出一個男人了。』我剛開始還聽不太懂，這很像是說，為什麼我是一個男人？因為我打了幾個男的？因為我吻了一個女孩，上了床？我想或許就是這些了，反正我很喜歡。」

　　《滾石雜誌》（Rolling Stone）注意到：「帕西諾和戴普的組合真是絕妙，他們以驚人、敏銳和機智的演技，迅速帶出彼此。戴普在帕西諾（Al Pacino）的限制下看似有機靈、狡猾的表現。戴普把微妙的平衡點演出來了，這使他擠身成為演員中的菁英份子。」這部影片得到許多成功的評價，但票房表現卻平平，從1997年2月28日上映以來，累積的票房銷售僅4千2百萬美元。

　　戴普想要導一部戲的野心已經持續有一段時間，但不是沒有時間就是沒有照計畫進行。之前他為朋友的音樂影片掌舵，像是「嗆辣紅椒」的約翰伏許安（John

「他們都是眞人眞事」，戴普注意到《驚天爆》是眞人眞事改編的故事。

Frusciante）。戴普在1993年也同樣導過一部叫「毒品」（Stuff）的11分半鐘的短片，內容是追蹤一間充滿毒品房子，同時還以搖滾樂爲背景音樂。之後他拍了部8分半鐘的反毒短片叫「開玩笑」（Banter）。

　　這證明了他先前的準備對後來導長片《The Brave》來說是很有幫助的。他和哥哥丹——他比較喜歡人們叫他DP——最後採用由葛瑞戈里（Gregory McDonald）所寫，名叫「拉斐爾：最後的日子」（Raphael: Final Days）的劇本。「我儘量從合作過的提姆波頓、約翰華特斯、艾米爾庫斯杜力卡，萊斯霍斯壯和吉姆賈木許那裡偷偷學來技巧——我要導一次戲。」戴普說。

　　戴普選擇拍《The Brave》確實是勇敢的舉動。這個故事不是大成本電影，「發生在亞利桑那州沙漠區的破敗村莊裡，一個年輕的美國原住民和老婆、小孩間的故事。」戴普解釋，「他是個失敗者，再多發生一次意外，他的餘生就要在監牢中度過。他不能面對自己的家庭，因爲他羞愧、因爲他無法讓家人脫離貧窮的生活。他有機會賺大錢，於是便參與一部拍攝眞實謀殺的片子。」

　　戴普決定自導自演拉斐爾（Raphael）這個角色，他也是這部悲劇的犧牲者。「我應該是那個被殺的人，但一切還是有希望的。我的角色做了個交易，因為錢能給他一些特權。最後他和小孩過了一段美好時光，而這部影片就是敘述他生命中最後的幾個星期。」

　　《The Brave》這個劇本已經寫好一陣子了，但在戴普和哥哥得到這個劇本之前，似乎又有著不幸的經歷。約一年過後，劇本又再次發展，而且到了強尼戴普的手中，「我讀了，但我討厭它，」戴普說到當他第一次拿到《The Brave》劇本時的感受，「滿是陳詞濫調，充滿神的寓言，沒有絲毫的幽默。劇中的英雄拉斐爾，是有一點笨沒錯，除了上述這些錯誤外，我發現他其實還滿有趣的。我和製片見面，我們談了很多，直到我說：『如果你要我演，那麼我也要導這部戲』。」

　　戴普和哥哥丹從劇本第一頁開始改寫，最初的構想是把它寫得更灰暗些。除了承諾導這部戲外，戴普自己已經著手進行了某些工作──還要演。「有時劇情深深地觸動著我的心，」戴普說，「你會為所愛的人犧牲自己──你可為家庭犧牲到何種程度？這是一個吸引我的議題。如果我只有導戲的話，預算是1百萬美金，如果我演拉斐爾加上導戲，預算就是5百萬元美金。」

　　知道戴普正面臨艱難的掙扎，於是身邊的人都盡量幫助他，這些人有可信賴的專業，也是他之前合作的主要搭檔。有《亞歷桑納夢遊》的攝影師、《你看見死亡的顏色嗎？》的劇本顧問，還有《龍虎少年隊》的演員，更安排《這個男人有點色》的馬龍白蘭度客串演出。戴普的朋友伊吉保柏則貢獻電影配樂，同時在劇中有驚鴻一瞥的客串演出。

　　影片在1996年秋天開始拍攝，在莫哈維（Mojave）沙漠的瑞吉克維斯（Ridgecrest）附近打造了個簡陋小屋，進行為期7個星期的拍攝。之後，再回到洛杉磯的攝影棚內進行10天的拍攝。戴普的低預算製作，是在位於好萊塢星光大道（Hollywood Boulevard）西邊的一間破爛汽車旅館內進行。戴普發現第一天的拍攝特別困難：在電影中，他不是那種你叫他做什麼他就做什麼的人。有好多問題快淹沒了他，如同要演戲的同時，還要高度專注於影片製作等更大的問題。「為了解釋清楚想要的呈現，我花了很多的時間。我無法想像同時演戲和導戲是這麼困難，」戴普承認。「隨時要有兩種完全不同的態度：當你導戲時，要能控制每一個細節。當你演戲，相反的，你必須要忘了所有的事情，即使失控。 要變來變去確實有一點困難。」

　　身為導演，對戴普來說還有一件預料不到的問題，就是看到自己所演的連續鏡頭，也稱作毛片。「你是知道的，連續看自己的毛片15天，會把一切弄得很糟，這真的是很痛苦的經驗。我真的很討厭看到自己出現在螢幕上。我不像其他的演員會去看毛片。在《The Brave》，我每晚都會看到自己，整整兩個星期，它真的阻礙我，讓我無法做其他的事。」

　　為《The Brave》負全部的責任讓戴普很疲倦，同樣的也是第一流影片訓練。「我每天都以為我快要死去了，」他《紳士雜誌》中透露。「我總是整天演戲及導戲，然後就回家：重新編寫劇本、為演戲及導戲自修。然後上床睡覺又夢到影片，這真是個惡夢！」

　　劇本和拍出來的東西相差很多，戴普似乎視劇本為拍片計劃了，這其中一個原因，是在拍攝中，他願意脫離劇本重新詮釋。「我會說我們按照劇本70%的意思下去拍攝，」戴普說，「它就在那，但不完整，但它卻在拍攝中出現了。」

　　相同的，白蘭度在影片中的改變也不少，當影片進行到高潮處也是。白蘭度的客串是不支薪、友情贊助的，而且僅出現兩天。所以為了應付這個向來情緒不是很穩定的巨星，前置工作一定要俐落、乾淨。「我認為自己是不可能指導他，」戴普說到白蘭度，在拍攝的前一天，他一抵達便準備好了。「我再度被和他一起工作的構想嚇到了，我好像個學生，讓一位很棒的老師迷住了。」白蘭度演出為這部影片增添了神秘感。

　　但還有其他的，更私人的理由，讓戴普完全的付出承諾要導第一部影片。「《The Brave》需要我花全部時間參與，這讓我的私生活變得有點麻煩，」戴普說道，這也是與凱特摩絲的關係結束之後，一種自我放逐。「不僅是和女友，和家人也一樣，你一天工作17、18個小時。媽媽在肯塔基而女友（摩絲）在倫敦，他們都不知道你發生了什麼事，除非你自己說，『看！這就是我在做的事，你們要幫我。你一定要來！』我快發瘋了，因為我只想要把電影拍完。這真是瘋狂，我不會放棄。我只能說這個決定在我的生活中是最不合理的，但我很驕傲，因為有很多可以參與。」

　　《The Brave》在1997年的坎城影展參賽時，相當不被認可。這也就是說，要再過一陣子戴普才會再導戲，除此之外，他的確把此片當成是最私人的事。「我完全投入，所以也必須表達出很多的自我。影片中有許多的黑暗面，題材真的很怪，我對扮演一個知道自己生命只有一個星期的故事給迷住了。我非常誠實的導這部戲，

完全沒有矯飾，當然一定會有人不喜歡，也不會了解當中的幽默，但至少有一部影片，像我。」

坎城得到的嚴酷批評，真的傷了戴普。「《The Brave》對我來說真是驚人的經驗，因為它的確洞悉事情到底如何發生，」他告訴《Dreamwatch雜誌》。「不幸的是，我給自己壓力——必須要在坎城影展前拍完它。我再也不會做這樣的事了，如果我有更多的時間來剪輯，它會是一部不一樣的電影，這就是我所犯的大錯。我為參加坎城影展拚命地工作，我對此片充滿熱情，在首映時得到10分鐘的熱烈掌聲。稱讚的是我認識的人，像是導演艾米爾庫斯杜力卡和柏納多貝托魯奇（Bernardo Bertolucci）。」

「隔天批評就來了，」戴普繼續說，「一些人開始批評影片，然後就有人跟進，這對我來說這是可理解的。我做了一點小小的研究，因為我不能明白為何2500人在首映時是那麼的喜愛，然後接著有15個評論攻擊，只因我大膽的以為我有腦筋。我發現影片在早上8點30分放映，對我來說有點奇怪，因為坎城的人們都玩到早上5點30分。他們餓到把我生吞下肚了，真是狠毒，我真的是完全被嚇到了。」這部影片從來沒有在美國發行，它重新剪輯到戴普滿意為止的版本後，才在2003年以DVD形式發行全歐洲。「有一些演員的表演真是棒極了，但我必須把他們剪掉，因為他們沒有為影片加分。當我著手進行編輯時，我就知道有一些戲不需要出現在影片中，但我無法親自把它們剪掉，因為這會傷了演員的心。」

即使是改編的版本，《The Brave》仍是一部品質不佳的影片，很明顯地，它可能是受到艾米爾庫斯杜力卡對於貧民社區的描述所影響。

在美國，沒有電影院要放映這部電影，在坎城這個對他保護有加的地方，這個生手導演的努力被評論了一番，「他為電影投入了相當多的金錢，」派翠克哈斯伯說到，「那是一件相當光榮的事情。我就沒有那種勇氣。」

「拍《The Brave》讓我受傷不少，」戴普承認，「那麼，我將再次執導電影？是的！絕對會。我不認為我下次會再自導自演，但我將確定會再次導戲。」

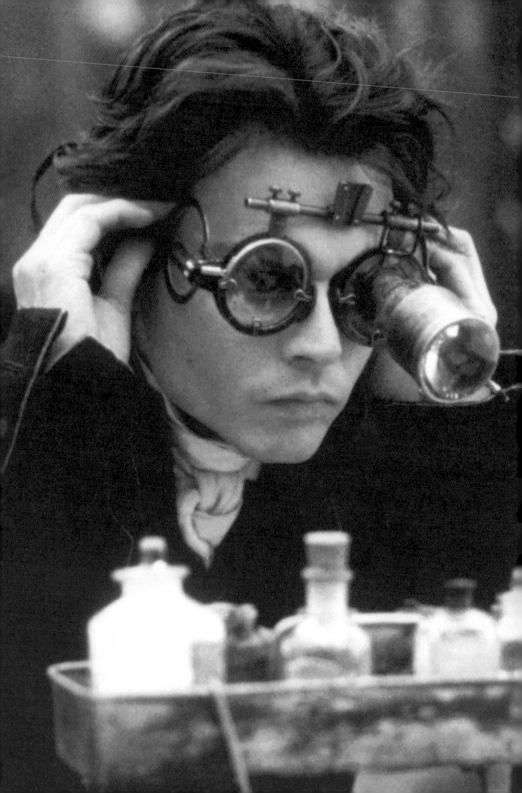

第六章　黎明之前 Exorcising Demons

在20世紀末，可以看出戴普如同以前一般認真工作，但卻又在人生中作出重大的轉變，這個轉變讓他的演藝事業轉移到一個新的、無法想像的方向，拉斯維加斯、巴黎、外太空，或是那個都在等待著他，陰森的城鎮《斷頭谷》（Sleepy Hollow），然而巴黎之行，對強尼戴普的人生和事業影響最深遠。

　　杭特湯普生（Hunter S. Thompson）這類的角色，激起強尼戴普的興趣。荒誕新聞（Gonzo）的創始人──毫無禁忌，使用毒品的寫作風格──湯普生，是1970年代《滾石雜誌》早期的作家。他以嘲諷的手法寫下自己在拉斯維加斯，以採訪摩托車賽車為題的文章，並收錄在自己的經典之作《Fear and Loathing in Las Vegas》當中。湯普生這個以真人真事改編的虛構故事，同時加入了他個人因吸食毒品而產生的幻想經驗。湯普生假裝自己是羅爾杜克（Raoul Duke），和無恥的律師奧斯卡阿寇斯塔（Oscar Acosta），開始由拉斯維加斯開車回到比佛利山的漫長探索之旅。這本書在60年代是快樂主義者的指標。

　　長久以來就有人有興趣把湯普生的經歷拍成電影，和湯普生同時代的傑克尼克遜（Jack Nicholson）是第一位有興趣又認真嘗試的人，另外一位是小說家賴瑞麥克穆崔（Larry McMurtry）。《怪胎記者》（Where The Buffalo Roam）便是1980年代的失敗之作。而亞歷寇克（Alex Cox）則是1990年代第一個願意重新接觸《Fear and Loathing in Las Vegas》的導演，雖然他想邀請強尼戴普和班尼西歐岱托羅（Benicio Del Toro）演出此電影，但因和湯普生的觀念不合而放棄。湯普生同樣反對環球影業參與這部影片，因為這個主流片商會把這部低預算的獨立製作，變成為一部高預算且狂妄的作品，而不是讓人對原著產生共鳴。

　　強尼戴普想要設法保住這部片的企劃，完全出自個人因素。「《Fear and Loathing in Las Vegas》是一本書，我從小就喜歡的書，」戴普說，「記得在17歲讀的時候，我像個妖精一樣地咯咯笑。我喜歡它，於是開始讀杭特其他的重要作品。當拍成電影的構想提議給我的時候，我馬上就把握機會。」

　　戴普早已和湯普生建立起友誼的關係，他也把馬龍白蘭度視為英雄。1996年9月期間，戴普曾與湯普生在他所居住的森林小屋（Woody Creek）中相處過一段時間，戴普同時也邀請他到Viper Room表演，當時正是戴普要拍《The Brave》的時

候。然後湯普生邀請戴普參加《Fear and Loathing in Las Vegas》25週年的派對，接著在積極暗示有興趣的基努李維及約翰庫薩克（John Cusack）之前，馬上宣布戴普是他最中意，可以演出羅爾杜克的角色人選。

導演寇克離開電影製作時，這讓戴普直接去尋能產生共鳴的導演人選。「崔西賈克和我坐下來討論可能的導演人選，然後我們想到『就找泰瑞吉蘭（Terry Gillim）吧！』但拍攝時間很長……」但吉蘭的拍攝總是超過預算，還可能會失控……然而，遇見更好的拍片題材及導演真的很難。

「有一天早上我在夏圖蒙特飯店（Chateau Marmont）遇到杭特，」吉蘭告訴《滾石雜誌》，「他說，『你一定要記住：我們很認真，我是一個認真的記者，他是一個認真的律師，而這本書只給你一個星期的時間』。」所謂的「一個星期」就是要能拍成一部電影，也就是說，首先強尼一定要變成杭特湯普生……或是羅爾杜克？「羅爾杜克是97%的杭特，我告訴湯普生『我需要和你相處一段時間』，而如果你開始討厭我，要告訴我，我會離開的，」戴普回憶著說，「我告訴他，我可能會變成討厭鬼，因為我會問很多的問題，同時錄下我們的對話，並寫下來。他沒有把我趕出去，還不錯。」

「強尼真的很棒，」泰瑞吉蘭看出來，「他就像一種吸血鬼，每一次拜訪湯普生回來，就會帶回更多杭特的衣服及東西。他把杭特的靈魂偷來了，真的！我說真的。」

他的研究成功了，但戴普在踏進吉蘭的攝影機之前，還有肢體的改變需要努力。那就是要剃掉他的頭髮讓自己看起來更像湯普生。「首先我注意到的是我頭頂上的風，」戴普記起來，「真的感到很奇怪，雖然禿頭只是在拍攝《Fear and Loathing in Las Vegas》的短暫的時間中，但真的感到很奇怪。杭特一看到禿頭，就說還不夠，還要修一下，我相信他，所以他幫我剃頭，真的讓他剃了。」有了湯普生的幫助，戴普在電影中準確捕捉了書中羅爾杜克的神韻。

戴普的變裝不是影片的唯一要求，「他們倆都很浪漫，」搭檔的班尼西歐岱托羅說道，「所以還蠻害怕寂寞的，同時也容易奮怒。」書中還描述令人印象深刻的過胖形象，所以劇組要苗條的岱托羅增胖30至40磅以符合阿寇斯塔真實的身材，同時要留長頭髮和鬍鬚。「班尼西歐的轉變是很可怕的，」戴普認可的說，「他對角色專注、投入，而且對自已的小肚肚非常得意……」這部1千800萬，預算相當低的製作，緊接著於洛杉磯的拉斯維加斯，以及內華達沙漠，進行為期50天的拍攝行

導演泰瑞吉蘭認為戴普就像是一個吸血鬼，他能抓住杭特湯普生在《Fear and Loathing in Las Vegas》中的基本特質。

程。

如同這兩位明星一樣，拉斯維加斯也要為電影變身。自這本書寫好，以及電影開拍以來，賭城從1971年以來戲劇化地改變了許多，製作單位同時也深入到內華達的沙漠重建Mint 400的偏遠賽車比賽，如同杜克及阿寇斯塔的無法無天旅程（從加州到內華達的荒蕪地區）。演員常常要面對中暑的問題，這讓戴普想起了《The Brave》的艱難拍攝。在這些地區拍攝完成之後，累壞的劇組再回到位在洛杉磯華納的好萊塢的片場中，進行幾個星期以城市為場景的拍攝。

在殺青派對中，每個參與拍攝的人都認為他們有了非常特別的經驗。「這部戲的經驗用錢買不到，」強尼戴普承認，「加入這個拍片計劃，我認為這會是我僅有的，以及一生只有一次可以做對的機會。我認為所有的工作人員也這麼認為，所以每天都像是奇特的慶典。這真是有趣極了，有一大堆的悲傷，我們全經歷了──害怕和厭惡（Fear and Loathing）的感覺。」

導演泰瑞吉蘭稱讚自己的男主角：「根本不用擔心，強尼戴普是這個時代最棒的演員，我認爲他什麼都可以做——他的潛力是無限的。令我驚訝的是影評們的眼睛總是因爲戴普而爲之一亮，因爲他們並不知道現場發生了什麼事，所以不了解他是一位多麼棒的演員。他不會特地僞裝，也不會讓你覺得自在，因爲你可能會一腳踏進墳墓。」

泰瑞吉蘭拍的《Fear and Loathing in Las Vegas》並不是一部符合大眾口味的電影。這不僅不能算是他的電影，也沒完全忠於原著，所以得到的評論大多是負面的。《芝加哥太陽時報》的羅傑艾柏便嚴苛地批評：「眞是一部糟透的電影，沒有具體的故事、線索或是目的。強尼戴普是一個有天賦和才能的演員，詮釋角色絲毫不差，他會依狀況扮演應該演的。他戴上帽子演出杜克，又時常刁著煙，看起來不像是年輕的湯普生，然而戴普仍無法隱藏他瘋狂外表下的才華。觀眾同意這些輕視的評論而沒有觀賞這部電影。美國票房僅達1千5百萬，投資報酬率眞是少的可憐。

在拍攝《Fear and Loathing in Las Vegas》的同時，強尼戴普也進行變化多端的演藝事業——參與《LA Without A Map》這部小成本電影的拍攝。出現在這部電影中，純粹是一種試驗性質，而他在好萊塢的苦難似乎在坎城影展遇到這個導演之後來臨。戴普對芬蘭導演米卡郭利斯基（Mika Kaurismaki）不崇尚主流及毫無幽默感的影片非常喜歡。之後，郭利斯馬基準備拍攝《LA Without A Map》，他提議戴普能客串一個角色，同時，也給戴普在《亞歷桑納夢遊》的搭檔文森蓋洛一個角色。很明顯地，戴普馬上把握機會，他用一只紙巾代替一張合約！

這部英—法—芬蘭—德國風格的浪漫喜劇是採用理查雷納（Richard Rayner）的自傳小說改編，描述主角在好萊塢一連串運氣不佳的遭遇。有企圖心的洛杉磯女演員芭芭拉（凡妮莎蕭，Vinessa Shaw）於北英格蘭的假期中，在一小村莊遇到理查（大衛泰納，David Tennant），他們很快迷上對方，於是理查飛到加州，到芭芭拉兼職的日本料理餐廳找她，接著開始交往。在這期間，他們也見識到好萊塢的各類騙子和經紀公司。

就在此時，戴普出現了，同時出現在理查的幻覺和眞實狀況裡。理查接受好萊

《Fear and Loathing in Las Vegas》這本書是無法拍成電影的，但戴普仍按自己的計劃，全心全意地投入。

塢《你看見死亡的顏色嗎？》海報的激勵，在電影中的許多片段，戴普被默默帶進生活中，接著他的肖像出現在大型看板上。後來，戴普穿著水手服出現在墳場中和他坐著聊天。最後，戴普演出他自己。當理查謝謝他的鼓勵時，眞正的戴普卻置之不理——在眞實中——因為戴普從未遇見過他。

在原著中，從雷納一開始寫劇本起，他的靈感便是來自好萊塢的傑克尼克遜，但導演郭利斯馬基不認同，想要把故事拍成現代的版本，「對我來說強尼戴普代表好萊塢最好的演員，」這個導演解釋為何在這部電影啓用戴普，「他很實際的下了決定，但他終究是一個大明星，不會把他的生活交給任何經紀人。」

《LA Without A Map》是芬蘭導演第一部在美國拍攝的電影，即便沒有美國的資金支援。「大部分的場景是在是在洛杉磯拍攝，但它不是美國電影。」郭利斯馬基說。「它是部歐洲低預算、共同製作的影片。在洛杉磯的拍攝工作我並沒有特別喜歡，那裡是電影事業的首要之都，但卻是最複雜的拍攝地點……眞是瘋狂。」導演郭利斯馬基和戴普看起來都相當和藹可親。

《LA Without A Map》是一部偏喜劇型的電影，許多影展中放映過，包括了1998年的多倫多影展，以及1999年9月在加拿大及英國正式上映，另外還有郭利斯馬基的祖國芬蘭，然而就像戴普的《The Brave》一樣，從未在美國發行，但有德國版。這部片的評論很少，而且完全不寬容。於是《LA Without A Map》注定成為強尼戴普好奇的性格下，添上多變的一筆的作品。

在1990年代晚期，戴普貢獻了一些自己喜愛、有興趣藉的東西。他出現在《The source》（在1999年發行影音光碟）中，這是一部談論艾倫金斯堡（Allen Ginsberg）、傑克凱魯亞克和尼爾卡薩迪（Neal Cassady），還有威廉貝羅斯（William S.Burroughs）的紀錄文件，告訴人們這幾位流行作家如何在1950年代反抗美國。這份文件探索了他們生活和寫作的新奇觀點，再把柯魯亞克、金斯堡及貝羅斯的長篇小說編進電影中，而戴普、約翰特托羅（John Turturro）和丹尼斯霍柏（Dennis Hopper）的個別演出則活躍了他們。《The source》把這些流行作家的影響作了大篇幅的報導，還訪問了一些名人，以及1990年代關於這些敏銳作家如何影響社會的新聞剪輯片段。

製作完《The Brave》之後，考量收支平衡和恢復成為票房賣座明星的關係，戴

「扮演墮落的美國英雄是件有趣的事,」戴普說到這部超自然驚悚片《太空異種》。

普被說服需要接一部主流商業電影。他答應演出《太空異種》(The Astronaut's Wife)純粹是相信自己能享受到一定程度的商業成功,同時緩和掉自己第一次有目的的登台演出。

《太空異種》中有一個主要架構吸引了戴普:那就是自身的問題。我們要如何確定我們所愛的人就是當初我們愛上的人?我們要如何確定自己?太空人史賓塞艾馬寇斯(Spencer Armacost)在一次太空任務中,失去意識兩分鐘。回到地球之後,他的太太姬兒(莎莉賽隆,Charlize Theron)清楚的發現事情不太對勁。身懷雙胞胎又被惡夢折磨的她,開始相信回到地球的這個人不是他的丈夫——至少,不是她所認識的。然而,她是否置身於陰謀之中,或是處在某種失控的妄想症之中,沒有人知道。

「我想要寫一個會讓觀眾感覺到即將發生世界末日的故事,」編劇導演藍德拉衛奇(Rand Ravich)表示。「觀眾進入到姬兒的驚駭情緒中,感受邪惡已經一步步的逼近自己的生活,包括懷孕的過程——而她所愛的人竟牽涉之中。」對拉衛奇來

說分配主要演員的角色並不太難，「戴普在我心目中是這個時代最好的演員，我認爲他可以爲史賓塞這個角色帶來一些必要的成分：真理。」執行製作馬克強生（Mark Johnson）同樣認同他們建議的這個主角會爲影片帶來高質感，「戴普古典、嚴肅，眼神中帶點神秘感的美國長相，對詮釋這個角色來說，真是棒極了。他爲史賓塞這個角色帶來了隱藏在他內心裡面的危險特質。無法預期，就是那種不知道這個男的是誰？還有他的真正意圖是什麼。」

當《太空異種》正找尋更多的商業協助時，基本上，看得出這個角色是爲戴普而設計的，最主要的原因還是他可以演出反派角色。「演出易怒、出差錯的美國英雄看來很有趣，」戴普說，「讓我有興趣的不是『寄宿』在他身上的東西，而是發生在太空中的事件，讓真實的他顯露出來。他有那種全美國人喜歡的形象，潔白的牙齒，如陽光般的金髮，但他是可怕的人。你喜歡、想要接近他，但慢慢的，真實的他開始出現之後，你就知道不對了。我一定不會喜歡他，保證不會。」

莎莉賽隆非常高興能與戴普合作，扮演能看出他內心深處陰暗面的對立角色，「史賓塞艾馬寇斯是一個實現夢想，成爲太空人的男人。他使人著迷，因爲經歷了許多未知。接著他開始變成夢魘，違背你之前所相信的一切。強尼很有才華，他能抓住了這種人質特性，他在工作中看起來很帥！」

《太空異種》的演出可能稍嫌馬虎——當戴普爲他的角色以夢遊的方式呈現時，賽隆便成了主角——這點似乎相當成功。該片在紐約及洛杉磯的著名景點拍攝，如史坦登島（Staten Island）、華盛頓公園廣場和華爾街等，從1998年的一月到四月，進行爲期4個月拍攝。

1999年8月27日發行的《芝加哥太陽時報》，便對戴普在《太空異種》的表現，評論得如同《Fear and Loathing in Las Vegas》一樣嚴苛：「強尼戴普演一個無思想的角色，這個男人出現在整部電影中，還必須用有限的資訊來演出不祥的神祕事件。這樣的設計真是折磨人，難怪票房收入的確令人失望。」英國《視聽雜誌》

《視聽雜誌》則有類似評論指出，莎莉賽隆剪的金色短髮就像是波蘭斯基（Polanski）導的恐怖片《失嬰記》（Rosemary's Baby）一樣，結論：「戴普的演出沒有經過正確研究，是部錯誤的恐怖片。他的性感嬉鬧變成一種致命的急迫；危險的

「他說服我說年齡並不是那麼重要。」導演羅曼波蘭斯基，在提到戴普爭取《鬼上門》角色時表示——主角在書中的年齡比較老。

表情成了虛張聲勢；對受難者釋出漠不關心的眼神。最諷刺的是艾馬寇斯竟保持他的男子氣概，直到失去人性為止。這些質疑，波蘭斯基一定毫無疑問地贊成。」

再一次，繼《Fear and Loathing in Las Vegas》失敗之後，《太空異種》的美國票房也令人很失望，僅達1千500萬。如果戴普希望這是一部賣座的商業片，他會因為影片最後的表現而希望破滅。但從某種角度來看，他好像不太在乎……

戴普長久遷居巴黎的願望，在1998年來到。「我來這裡拍一部戲，遇到一位女孩，買下一間房子。」戴普表示，在拍羅曼波蘭斯基（Roman Polanski）執導的《鬼上門》（The Ninth Gate）時，發生這件意想不到的事。這是他生命另一個紀元的開始。

「波蘭斯基很優秀，」戴普說到這部把他帶到巴黎的電影，是由阿圖羅・裴瑞茲・雷維特（Arturo Perez Reverte）所寫的小說《大仲馬俱樂部》（The Club Dumas）改編。「如果你把《失嬰記》（Rosemary's Baby）及《唐人街》（Chinatown）混合在一起，就是這一片影片了。這是一片驚悚、靈異的電影，而這個角色也不是一個什麼好人。他是一個貪婪的人。」

戴普在《鬼上門》影片中飾演狄恩寇索（Dean Corso），受僱於波瑞斯包肯（法蘭克藍吉拉，Frank Langella）找回僅有兩本，據稱可以召喚出撒旦的「第九扇門」抄本。寇索的調查行動帶領他到歐洲，在歐洲，他被一個陌生的女孩跟蹤（艾曼紐辛葛娜，Emmanuelle Seigner）——這個角色假扮為守護寇索的人。而除了寇索以外，接觸到此書的人一一離奇死亡，這也讓他無法停止繼續追尋真相……

戴普與羅曼波蘭斯基是1997年於坎城影展相遇，當時戴普正因《The Brave》列入坎城影展的參賽片而出席。一位波蘭斯基的影迷高興說道《鬼上門》的拍片計劃是可行的，以致於戴普的好奇心被激發出來。於是編劇便提議，當劇本一完成就會寄給戴普研究。

羅曼波蘭斯基的生活及事業充滿了榮耀，但這對別人來說可能是夢魘的開始。因納粹的迫害而逃離波蘭，來到美國成為一個電影製作人。電影《失嬰記》和《唐人街》建立了他的名聲，然而在事業春風得意時，他懷孕的太太，莎朗塔特（Sharon Tate）卻被惡名昭彰的曼森幫派（Manson）殘酷殺害。事情還沒結束，1970年代，他因在傑克尼柯遜（Jack Nicholson）家中，性侵未成年少女被控告，而由美國棄保潛逃回歐洲。在法國放逐期間，他持續拍片工作，並繼續與好萊塢的頂

尖人物合作，如哈理遜福特（Harrison Fod）、雪歌妮薇佛（Sigpurney Weaver）。在拍完《鬼上門》之後，而更於2003年以《戰地琴人》（The Pianist）一片贏得奧斯卡獎座。

寇索這個角色原先設定的年齡大約是約40歲左右的人，因此波蘭斯基不太願意考慮用只有30幾歲的戴普來出任此一角色，但戴普卻用他的個人性格特色來極力來爭取。波蘭斯基回想著說，「他說服了我讓我知道年齡並不是那麼的重要。我開始了解人們喜歡寇索是他年少老成。這種人的人格特性及聲望早於30幾歲就成形。」

本片在1998年夏季，於歐洲各地旅遊拍攝，例如法國巴黎、葡萄牙、西班牙等地。影片拍攝時，戴普和波蘭斯基發展出不拘謹，但又互相尊重的關係。波蘭斯基注意到戴普「在準備就序時是很容易溝通的，但當他在演員休息室中閱讀或講電話、喝酒時就很難把他叫出來。」

波蘭斯基認為自已在幕前及幕後的經驗，幫忙他將此劇主角的和諧與一致性給激發出來，「這裡是沒有密秘的。事實上我協助了演出：我知道問題出在哪裡。你會看到導演盯著演員看，直到拍好為止。身為導演你會試著想要激發演員們的最大潛能。我認為我可以處理得讓人覺得快樂，讓他們覺得是在做有趣的事。」

「要一直感興趣」，這是戴普用在所有事情上，以及總是要從中找出一個重要準則的依據。他發現在《鬼上門》拍攝期間，自己願意為這一般預算的電影額外付出。「強尼為此角色散發出獨特而又自然的律動」導演說，「這對他來說相當的自在，完全看不出他很用力地在揣摩。真是令人著迷！一旦就緒，他的表現就如往常一般輕鬆自然，沒有什麼可以防礙他為這個角色做出精確的詮釋。他真的很出色，在雇用戴普前，我心中想要寇索的樣子，就是你們在影片中看到的演出。」

波蘭斯基與四個特效工作小組一同完成影片中200多個特效處理。波蘭斯基在影片上映時說，「你或許看不出其中那一些是經過特效處理，」因為它們已融入到影片中了。

戴普發現了其他的挑戰：「那就是有一點小小的停滯，因為我在戲中必須要吻艾曼紐辛葛娜，而波蘭斯基（她的丈夫）則是站在離攝影機後約10公分的地方。我看著，他卻喃喃自語道『這部戲是要在三角戀中結束嗎？』（戴普笑出來）。我要吻艾曼紐辛葛娜了，但我認為這是一個「群吻」，而此時，波蘭斯基說話了，『強尼，放輕鬆，身為演員，你這樣做是對的，沒關係！』」

戴普發現與波蘭斯基拍片有些掙扎的情況，因為導演一如往常，會專注的用自

己的方式引導戴普來詮釋寇索的角色，這個情況比戴普以前合作過的導演還要多。「這不是可以輕鬆拍的影片。羅曼導演對此影片有比較執著的看法，不太有機會討論，或者共同參與運作。對喜愛他的我來說，是有一點死板。」戴普承認。

《芝加哥太陽時報》的影評羅傑艾伯，評論了喜歡電影的大部份理由，但仍指出此片與亨佛萊鮑嘉（Humphrey Bogart）在黑色電影（film noir）中的演出有些相似處，他認為強尼戴普在《鬼上門》的演出是毫無終極目標。而《舊金山記事報》的鮑伯葛拉漢（Bob Graham）卻指出戴普是因為看上波蘭斯基的魔鬼驚悚片才願演出。「他看起來像是無賴，又像是在黑色電影中的偵探，如同他得到邪書的話，就會召喚魔鬼來一樣，」葛拉漢繼續說：「想必再也不會有人低估戴普是一個演員？他產生的熱情反映到演出對手戲演員的身上。戴普把寇索詮釋為一個帶有流氓氣質，又有點反英雄氣息的人物，他抽煙、喝酒，欺騙容易上當的人，同時遊走在法律邊緣。」

《鬼上門》的票房達到1850萬美金，比戴普前兩部片影在北美票房成績還好。這不是花鉅資拍攝的影片，但影片確實贏得一些忠實觀眾及基本票房的影迷，這讓電影本身在DVD發行時，還是有所表現。

「歐洲改變了他，」羅曼波蘭斯基說著，這個導演帶強尼到巴黎，「他不像是移居國外，這就好像他是住在那裡一樣，非常地輕鬆。」

戴普來到歐洲演出波蘭斯基口中所說的「最成熟的角色」，然而大家卻有點懷疑他是否會在現實生活中也扮演成熟的角色。離開美國，同時把和凱特摩絲失敗的關係拋諸腦後，戴普期望在巴黎享受幾個月的時間，然後回到美國好萊塢繼續追求他那怪異的電影事業。然而，一切卻將要改變了，在結束波蘭斯基《鬼上門》的一個辛苦工作天後，他遇到法國歌手凡妮莎帕拉迪絲。

「我想要和羅曼波蘭斯基一起奮鬥，因為他拍過一些好片，」戴普說著，同時回想在1998年夏天是什麼原因讓導演帶他來到巴黎，「絕對有某種原因引領我到這裡，而我現在知道事實上是命運。我被引領到這裡的原因，對我來說似乎沒那麼明顯，這個城市，在個城市我所遇到的這個女孩，送到我面前的這個女孩，是唯一能讓我呼吸、活著的原因——我的女兒和我的寶貝。」

被譽為法國流行樂的「蘿莉塔」（Lolita），凡妮莎帕拉迪絲是法國歌手。事實上，她在美國並不有名，但1987年在英國，她因「joe le taxi」（快樂的計程車）而出名。她的父親，安得烈（Andre）是室內設計顧問，母親可琳（Corrinne）是一位家

庭主婦。帕拉迪絲在1991年的香奈爾香水廣告比賽中，以「籠中之鳥」（bird in a gilded cage）脫穎而出。之後和搖滾樂明星藍尼克羅維茲（Lenny Kravitz）傳出戀情，他並爲她製作一張專輯。帕拉迪絲繼續歌唱事業，也得過獎，並時常在法國電影中演出。

1998年的某個晚上，強尼戴普和一群朋友來到知名飯店（Costes Hotel）的酒吧。戴普、波蘭斯基，以及《鬼上門》的工作同仁一起在那裡吃晚餐，戴普不知道帕拉迪絲有參加過試鏡（在他現在拍的電影中的一個角色，但沒有被選中）。很顯然地，戴普很含蓄，以致於請他的一位朋友邀請帕拉迪絲一起晚餐。「她說她認出他，在他注意她不久之後，」帕拉迪絲的自傳作家艾倫格雷謝（Alain Grasset）回憶道。「他們四目相對、迸出火花。當他邀請她到他們的座位時，他爲她安排了一個座位，她說她就直直走過去。」幾個小時過後，其他的人都離開，戴普和帕拉迪絲還一直在聊天，最後，夜深了戴普才記起來明天還有早班，於是這兩個人才親吻臉頰，互相道別，離開。

然而，帕拉迪絲常說他們的關係，開始有一點複雜。「強尼在飯店的酒吧裡並沒有接受我，我們彼此認識很長的一段時間，」她表示，暗示著她和戴普第一次碰面的時候，他與凱特摩絲的關係還沒有結束。「我們常常碰面，但都是在友人陪伴的情況下。我不要我們的小孩以後讀到八卦新聞，然後還想像自已是不小心的失誤。她（莉莉蘿絲）不是計畫中的，意思是我們沒有說：我們來生小孩吧。我們都同意要這個孩子。生小孩比製作CD或是演電影棒多了。」

當時，戴普在法國《Studio雜誌》發表他們的關係發展：「那一段時間我都是在拍《鬼上門》，我們每一天、每一晚都見面。無法離開對方太久，你不太可能讓我們分開……」之後的那個月底，戴普就在蒙馬特（Montmartre）靠近帕拉迪絲的地方租了一間公寓。

不到三個月，帕拉迪絲就懷孕，強尼戴普最後終於可以實現有家庭的願望。懷孕不是計畫中的事，但帕拉迪絲和戴普便決定要在一起。然後，這一對就搬到帕拉迪絲父親位於巴黎郊區的塞納馬恩（Seine-et-Marne）的房子裡待產。對一些記者來說，他們的關係並不穩固。戴普在1999年一月在倫敦拍攝《斷頭谷》期間被發現到和凱特摩絲一起晚餐。摩絲前一個月才離開毒品勒戒所，所以英國的小報自然就建構起「帕拉迪絲——戴普——摩絲」的三角戀情。此外，戴普還被抓到在俱樂部和18歲的克莉絲汀那蕾琪（Christina Ricci）鬼混，她曾在《Fear and Loathing in Las

Vegas》演出，也是戴普在《斷頭谷》的搭檔，還在即將開拍的戰手片《縱情四海》（The Man Who Cried）與戴普合作。對蕾琪來說，她還蠻高興能在媒體上與戴普一起曝光：「我真的很喜歡，真的很棒──我第一個八卦新聞。如果你想要有狗仔寫你的消息，最好是跟戴普在一起。」

再一次，這個事件又被用來質疑戴普對帕拉迪絲，以及未出生小孩所做的承諾。媒體問他，是否因她懷孕而搬進帕拉迪絲的房子，覺得有被敲詐的感覺，但戴普卻回擊這些評論。「這不是事實，」他非常堅定的說，「我並沒有處在要負起義務的情況中。父親的角色不是義務，我永遠不會對我的女兒做出這樣的事，或者對我的孩子，我永遠不會生活在謊言中。」

戴普和帕拉迪絲、戴普和巴黎：他們似乎是天作之合。談到要在區定居，這個演員說得比在倫敦和洛杉磯定居時還要輕鬆。

法國的隱私權法讓媒體得保持距離。他也很欣賞巴黎文化，那就是重視文學勝於視覺上的東西。所有的人都注意戴普個人，從電視時期電影藝術的到嚴肅歷程。「你知道嗎，在巴黎，人們就是不管你，」戴普說，「對歐洲人而言，藝術就是藝術，電影在這裡個高過於任何人，在美國，電影總像是從火星來的殺手。這裡沒有人對我有興趣，即使我的名字叫強尼戴普，或是我拍電影的。」

當他擁抱了法國，法國人民也很高興地宣稱戴普是法國的人。1999年4月，《斷頭谷》拍攝完成後，戴普便回到巴黎為他的作品及對電影的貢獻，接受年度凱薩獎項（法國的奧斯卡）的榮耀。當羅曼波蘭斯基介紹強尼時，這個受獎人只會說：「哇！謝謝！」（法語：Wow, merci）這兩個字。

「這真是件奇怪的交易，」他說到凱薩獎（Cesar Award）。我幾乎措手不及地就接下它，那是死後才可以拿到的獎，像終身成就獎一樣。我的意思是，在那裡一定有人知道我不喜歡他們頒獎給我，但那又怎樣。我真的很感動，因為我的獎項並不是很重要的。我的意思是，我知道這個獎的概念，但競賽的本質就是一種很奇怪的事。然後我的感覺就是……我應該接受這個獎項，接著中風死掉。」

《斷頭谷》，是改編自華盛頓厄文（Washington Irvig）的美國靈異經典故事《斷頭谷傳奇》（The Legend of Sleepy Hollow），而拍片的最初念頭是始於凱文亞格（Kevin Yagher）的特效。近幾年製作過多種電影的亞格，期待能看到以50到60年代，英國漢墨（Hammer）恐怖電影風格寫出的新版《斷頭谷》企劃。最後，編劇安德魯凱文華克（Andrew Kevin Walker）寫出和原著風格迥異的陰森、暴力劇本。

在《剪刀手愛德華》還有《艾德伍德》之後，《斷頭谷》是戴普和提姆波頓合作的第三部戲。

這個企劃稍後加入了提姆波頓，他在《艾德伍德》之後導了《星戰毀滅者》（Mars Attacks!），還有籌畫一年還未開拍的電影《超人》（Superman）。當超人再生的企劃最後失敗，波頓向外找尋新的拍片計畫，於是他找到了華克版本的《斷頭谷》。這真是一部為波頓量身訂做的電影。

「我喜歡相對的角色，一個沒腦子的，另一個則完全活在自己的思維裡。」波頓說。雖然導演認為劇本還需要修飾（由他自己先來改寫），但對他來說，需要什麼人來扮伊卡布克萊恩（Ichabod Crane）是毫無疑問的，於是改編後的角色有著偵探精神，他試著在1799年，介紹科學犯罪的新鑑識方法。戴普進一步表示，「演出伊卡布是一大挑戰。這個角色從小陪伴我們長大，我們很了解他，當然還有書中的東西。提姆和我提出相同的觀點，那就是那些看起來很正常的事，事實上當你認真看待時，其實非常荒謬。」

但波頓及戴普兩個人都是那種，說得很少，但對視覺刺激，反應多過於言語的

戴普把《斷頭谷》講究的伊卡布克萊恩帶回到真實人生中,他的改變就在他女兒莉莉蘿絲的誕生時。

人,他們的溝通方式是一種簡化的形式。「能和戴普這樣的人工作真是好,」波頓注意到,「你只要說幾句他就會了解,這就是他和角色之間的聯繫。」

　　從1998年的11月到1999年4月,即凡妮莎帕拉迪絲懷孕,到他女兒預產期這幾個月期間,強尼戴普在倫敦和英國近郊拍攝《斷頭谷》。波頓及工作人員在離倫敦一個小時車程的地方搭建18世紀的小村莊——他們的《斷頭谷》。這個地方充滿建築物、商店、旅館和小酒館,還有一座橋,橋上有公雞狀的指北針:全都是假的,但裝飾得很真。

　　就是這個地方,戴普所演出講究的伊卡布克萊恩被送來調查斷頭事件,還有一些英國令人尊敬的年長演員,他們演出村中長老:克里斯多夫李(Christopher Lee)、邁可坎邦(Michael Gambon)、伊恩麥卡達米(Ian McDiarmid),及有美國人象徵的傑佛瑞瓊斯(Jeffrey Jones)——波頓想要把自己獨特的虛構情節放進這部美國通俗小說。「我們真的想喚起老漢墨恐怖故事的精神、文森普萊斯時期的電影,

以及羅傑柯曼（Roger Corman）的作品，」波頓說。「這些電影的主角總是分歧、模糊的，全神貫注地在工作上。他們就在那裡，但你不還是不太了解他們，而強尼就非常適合：他所流露出來的特質就像是默劇裡的演員一樣。他不需要多說些什麼，他是你無法製造出來的。」

戴普認同他的導演。「這是對吸血鬼系列和1960年代漢墨恐怖影片，表達敬意的一種方式。以這種邊緣的方式來表演，可能有點太過頭了，真的很難解釋清楚，我試著走走看。提姆特別了不起，他會給你建議，同時也會種下一些特定的種子，然後你會把它拿來運用。」

戴普和波頓的第三次重逢，是和羅曼波蘭斯基合作的一個很好對比。「波頓允許你從頭到尾完全自由發揮，」戴普說。他花了一些時間來作準備，例如看前輩們為漢墨拍的恐怖電影——回復到較舊式的演出風格，有點兒像是《剪刀史愛德華》及《帥哥嬌娃》般的默劇，或是接近漢墨式的《斷頭谷》——這似乎是這個明星的表演風格。「強尼知道，某些事情並不像他們所看見的一樣。」波頓說到自己主角不可思議的演出，「他讓你由另一個觀點來看世界。即使這部戲是我們合作的第三部戲，我們從不會掉進：『讓我們從公式A或B來決定，』他總是在探索新的事物，而且做得很好。」

《滾石雜誌》評《斷頭谷》是戴普「最真誠、最熱鬧的演出，透露出對嚴苛科學鑑定的擁護。」《舊金山論壇》的影評則和多數的評論意見相左，他不客氣的猛烈抨擊：「戴普畏縮、瞇起眼地研究，持續從事過於講究的演技。有時演員可以嗤之以鼻或跟著一起沉淪，戴普演出了一部喜劇。」

但美國票房替《斷頭谷》自已說了話。在一連串令人掃興的事件過後，戴普很高興提姆波頓這部不一樣的電影，在1999年11月19日上映以來，令人震驚地，票房收入超過1億100萬美金，另外還有海外票房的1億5百萬美金。這部誠意十足的電影繼續贏取獎項，包含戴普的演技獎項——「百視達恐怖片最佳男演員」，還有兩項恐怖片最佳男主角的提名。《斷頭谷》成為強尼戴普第一個名符其實的賣座商業電影。

當在拍攝《斷頭谷》時，戴普又跟媒體起衝突，導致他被抓進倫敦的牢房，這也提供媒體操作「馬克飯店事件壞男孩」的後續報導題材。戴普和凡妮莎帕拉迪絲在倫敦享用晚餐，他發現餐廳被狗仔隊包圍。「他們要拍我和我那懷孕的女友，」戴普回憶這個事件，「這讓我很生氣，因為他們要把神聖的事包裝成商品。」戴普

試著要攝影師在這個特別的夜晚離開，讓他和帕拉迪絲好好的享受晚餐時刻。「然後，他們說『不』，我們會等你的……」戴普告訴《Premiere雜誌》。

這對戴普來說真的無法承受了，他在附近發現了一塊木板（他宣稱那可能是用來擋門的），然後拿來恐嚇攝影師，之後他打傷了其中一人的膝關節，然後厲聲責罵地要他們離開。他告訴《Premiere雜誌》說他當時說：「『現在拍吧！因為我看到第一個閃光燈了，那個人準備被這個打！』六個人，沒有人敢拍一張照片。那張下流又有怪念頭的臉上，眼中露出的恐懼，真是漂亮又有詩意……這真是值得。」其中一名攝影師打了電話給警察，接著警察準時出現，把戴普戴上手銬、帶走，這給那些攝影師們想要的照片——可以賣給小報的照片。然而戴普顯然不怕，「我並不在意被關，是5個，還是6個小時？這完全值得。」他被關了幾個小時，然後在沒有人指控下被釋放。

當我們同情他的困境時，羅曼波蘭斯基看著戴普的行為反應，希望這個演員有一天能成熟、長大。「他反應出自己的內心深處。這就是他們在等的，他掉進他們的陷阱。這是戴普青少年的反應，他應該要把他們甩開。」

回到1999年暮春的巴黎，強尼戴普因為女兒的出生，所以要趕緊長大。他盡其所能地準備，甚至還買了個錶——這是他很少在用的東西——要用來計算凡妮莎要生的那一天的陣痛時間。但是，「當陣痛開始，我像個無能的人，」戴普承認，「我開始笨拙地按按鈕（手錶上的）。生小孩的力量是很強大的，如果哪個男人進到產房看他的女人生小孩，他絕對不會憂鬱。當然任何時刻，我從沒見過像女人生小孩一樣的強壯力量。」

那天1999年5月27日的晚上，大約是8點35分，戴普的生活因他和凡妮莎的女兒莉莉蘿絲·美樂蒂·戴普的到來而改變。這個重要的時刻，對這個演員來說意義深遠。「這36年來，我感覺眼前有一片迷霧。在她誕生的那個時刻，這團迷霧消散了。凡妮莎是世界上最漂亮的女人，而我女兒是世上最漂亮的寶貝。我深深地吸了一口氣。我現在在乎未來40或50年會發生的事，我不再活在過去，這個寶貝給了我生命。」

從哪來的靈感給戴普為女兒命名？結果莉莉蘿絲（lily-Rose）是他們所想出的

曾經是局外人的戴普，和凡妮莎帕拉迪絲一起出席戴普獲頒為好萊塢星光大道之星的榮耀。

女孩名字。戴普在美國名主持人查理羅斯（Charlie Rose）的節目上表示，「我們兩人都喜歡百合，而凡妮莎的媽媽建議玫瑰這個字。我媽媽的名字是貝蒂蘇（Betty-Sue），我們有點喜歡像貝蒂蘇這樣的南方名字，所以就叫『莉莉蘿絲』。而美樂蒂（Melody），是她中間的名字，這是從賽吉坎斯伯（Serge Gainsbourg，法國傳奇歌手）的歌「尼爾森的旋律」（Melody Nelson）中，命名的。」

　　他這一生都在抽菸，凡妮莎說服戴普大量減少一天抽30根菸的習慣，若不能戒菸的話。當他和凡妮莎也像其他家庭一樣想安定下來，那以前的消遣——毒品、喝酒、派對——也必須被拋在一邊了。而學法文成為重要的日常工作，帕拉迪絲說得一口流利的英文，戴普體會到他的女兒會說雙語，而且也可能在他面前說自己聽不懂的話。他決定不讓這種事發生！

　　蒙馬特的公寓要退租了，取而代之的是在巴黎價值100萬美金的公寓，以及200萬美金的房地產——座落於Saint Aygulf，距離里維耶拉（Riviera）的聖托培（Saint Tropez）景點有40分鐘車程。同時，他也買了Man Ray這家在香榭大道的餐廳，這是與幾位友人合資的，包括西恩潘（Sean Penn）和波諾（Bono）等人。然而，快樂的戴普是不會忘了與媒體之間的不愉快。「我是一個父親，我有一個女兒，我有家庭，而且我要過正常的生活，僅此而已——我不要被看成像是個怪人，或像動物園的動物，這會讓我生氣，我就是不喜歡。」

　　導演泰瑞吉蘭在《Fear and Loathing in Las Vegas》之後還是跟戴普有聯繫，因為他正想說服戴普演出他的唐吉訶德（Don Quixote），他注意到他的改變。「喔，他真可憐，」吉蘭開玩笑的說，「完全溺愛！以為全世界只有這個孩子誕生。『她皮膚起疹子，我的天啊！』在孩子身邊，他完全失去了風趣和機智的能力。他的孩子把他變成牛奶凍了！」

　　莉莉蘿絲的爸爸沒有想要回到美國的念頭，看來她要在法國成長。「我想，你或許認為可以在美國境內或科羅拉多州，或是其他地方撫養小孩，」戴普說到撫養小孩這件事，「但是絕對不要，不要當你哪天得了失心瘋，然後跑到學校槍殺自己的小孩。那個國家已經失控了，我認為是人們內心的問題。我很討厭洛杉磯，洛杉磯是一部機器，它不會讓人有靈感。這就是為什麼我喜歡巴黎，在這裡每一件事都很有詩意。」

　　遠離洛杉磯讓人聯想到戴普可能會離開演藝事業，然而他沒有要放棄演戲的意思，但卻渴望的遠離它。「我很高興能被排除掉，我很高興做了不看雜誌的決定，

也沒看很多電影，我不知道誰是誰，就是說誰是電影製作，或誰是男主角和女主角。」

在《斷頭谷》完工之後，強尼戴普確實是回到了好萊塢，接受了自己最無法認同的：星光大道之星（Hollywood Walk of Fame）。「我認為很好笑，」戴普承認，「有點反常但我喜歡，還有點荒謬呢。我的意思是，這個城市從來沒有注意到我的存在，好萊塢這個地方是我這15、16年來搏鬥的地方，他們忽然要頒給我星光大道之星的榮耀！有很多人對我說，『你為何接受它？』而我唯一的答案是，『為什麼不？』這就像是受邀到白宮作客一樣，即使你非常激烈地反對誰是總統，你去那裡只是要了解一下發生了什麼事。同樣的，我得承認我有點感到光榮，因為這是好萊塢的一項傳統，星光大道之星，有點令人感動。在我腦中最顯明的影像就是我的女兒了，過了40年、或是60年、或是70年，她會走在星光大道上然後說，『喔是的，這是我的明星老爸。』這地方還不錯。但是，最初我還是有點震驚。」

除了在許多報導中被描寫成「反好萊塢」的明星，戴普還是非常高興地和帕拉迪絲一起飛到洛杉磯來見他的媽媽和繼父，還有為好萊塢「公關」。不管經紀人是否給他忠告，或是女兒的到來，還是自願流放到法國，出席好萊塢活動對他的形象是有幫助的，而從某個角度來看，這似乎讓他對商業電影的態度採軟化姿態。不管怎樣，至少戴普對著攝影機展開笑顏……

第七章　藝術衝擊 Art Attack

如同新世紀曙光乍現，36歲的強尼戴普正在法國享受著意想不到生活，與凡妮莎帕拉迪絲的生活對這一位曾經是問題叛逆的明星如同置身於天堂樂園中。他們的關係也不是沒有問題。也曾經爭吵過分開過：「我們有過爭吵，是我的錯，但我們合好了。我們必須要合好，因爲我是父親而她是母親。」戴普跟《Auamtgarde雜誌》說道。

　　戴普一直確信著他的小女兒莉莉蘿絲的誕生，賦予他人生新的目的：「這個小娃兒給與我生命，早晨，我看著這個驚訝、漂亮、純眞如天使般的東西醒來，而他的微笑是什麼也比不上的。她讓我每天都有機會體驗新的事務，也讓我更加深愛她，她是我早晨醒過來和呼吸的唯一理由。」

　　除了他摯愛的女兒和女兒的媽媽是，他早晨起床的理由外，還有其他讓強尼戴普起床的原因：在演出《斷頭谷》之後，他持續成爲受歡迎的演員。然而，身爲一位電影演員，對於定居於巴黎的他來說，是一個較困難的事情。可以從他顯少回到洛杉磯得知戴普他對的他的事業做了新的安排。如果他可以在巴黎或倫敦拍攝影片，那麼這樣的電影企劃案對他來說較具吸引力。他也客串演出英國的一些電視喜劇節目——如The Fast Show，以及The Vicar of Dibley。但若這樣提供給英國觀眾娛樂，也實在令人困惑，因爲好萊塢大明星演出這種影帶出租率低的喜劇，即使只露過一次面，對影集本身來說就像是施給恩惠。

　　戴普也說出了接演低成本或獨力製片電影的困難事實。如果影片要在美國拍攝，而他又是主角，那他就必須離家一陣子，所以電影最好是能在歐洲拍攝。因此，戴普有了三部風格多變的電影：《在夜幕降臨前》（Before Night Falls）、《縱情四海》（The Man Who Cried）、《濃情巧克力》（Chocolat）。

　　紐約藝術家，後來轉行做獨立製片導演的朱利安施納柏（Julian Schnabel），1996年，因改編、執導街頭藝人巴斯奇亞（Jean Michel Basquiat）的生平爲電影《無聲的吶喊》（Basquiat）而成名。這部影片引起戴普的興趣，於是他找上這位導演。此時，施納柏正煩惱他的下一部電影——古巴流亡作家雷納多阿里那斯（Reinaldo Arenas）的回憶錄，「當他出現在我的生活中時，他說的一些話讓我很感動。我不能給你一個有邏輯的答案來訴說這個故事爲何這麼重要。」

　　《在夜幕降臨前》是根據古巴作家的回憶錄改編寫成。年輕、才華受讚賞，也

得過獎的阿里那斯受到了迫害，坐黑牢，再加上同性戀身份，以致於被流放海外。最後因受不了愛滋病的折磨，於1990年自殺，回憶錄《在夜幕降臨前》則在他死後三年出版。這是令人著迷的故事，顯然是很棒且令人感動的電影題材。

在雷納多作品的啓發下，施納柏所提出由強尼戴普一人分飾兩角的想法，兩者都是極不道德的角色：變裝癖者澎澎（Bon Bon）和壓抑的維克中尉（Lieutenant Victor）。「在雷納多的作品中，一個角色可能有兩到三種不同的人格：可以是男人同時也使女人，」電影導演解釋，「我也認爲雷納多想像維克中尉和澎澎可能是同一個人——古巴國家安全局則可能會宣稱那過分吹噓的長度，會讓犯人的穩定度喪失。事實上，澎澎和維克中尉可能是雷納多版本中的典型人物，而且「毀滅」，在雷納多的作品中是不變的定律。雷納多的本人就是作品本身——他把自己的一切全轉換成文學作品。」

戴普認爲維克中尉的短暫出現在其背後是有深厚的意義，「我想要表達的是在制服下面的改變，」戴普說著，「有許多人成爲權力的象徵，你可能會在飯店及百貨公司的警衛中發現他們。通常來說，他們是一般人，然而一旦身著制服後就會濫用權力，同時欺負弱小。我想要演出一個認爲穿制服就是有權力的人。」同樣的，戴普奇裝異服的扮相也給澎澎那個角色如同穿上制服般的權力，「那就是演戲的全部，僞裝在角色的面具下，」他說，「我好像經歷了一場狂歡會——不過那雙高跟鞋讓我置身於地獄中。」

戴普支持施納柏的努力，也樂於把他明星的光環的權力借給影片——只要把當他是平常其他的演員一樣看待。像雷納多眞正的明星是西班牙的哈維爾巴登（Javier Bardem）。戴普的餐廳合夥人西恩潘，也在戲中演出其中一個角色，特別是潘所演的角色讓人無法認出來——一個特別和藹可親的人遇見了年輕的阿里那斯。

巴登高興有戴普的支持，他並不擔心戴普的名聲會轉移自己的努力。「強尼的演出驚人，」巴登表示，「他很大方，又很幫忙。他是眞的投入到澎澎的角色情境中，還有當維克中尉出現的場景，這些畫面都會留在我的腦海裡，我眞的非常欣賞他。」

巴登也被戴普的裝扮給騙了：「第一次看到澎澎出現在劇中，我沒有認出那是強尼。我看著那個翹屁股，畫著濃妝的女孩想著：『老兄！眞想和她有關係。』當我認出那是強尼，我還是這麼的想，他眞是個漂亮的男人，誰不想和他發生關係。我認爲有很多的女孩一定想要有澎澎的屁股。」

《在夜幕降臨前》中的澎澎，讓戴普的命運開始轉變。

　　《在夜幕降臨前》1999年底，在墨西哥拍了60天的戲，戴普雖然在那裡工作了一陣子，但據報他沒有拿演出費。許多的努力都用在重現具有歷史性的古巴建築中，這些是由施納柏及古巴許多流亡人士一同畫出來確定的。該片在2000年12月成功上映，同時也得到正面的肯定，而戴普的表演也沒被看成是嘩眾取寵的客串，大部分的評論都會放上一兩張照片或是他的兩個扮相。《綜藝雜誌》（Variety）注意到戴普不尋常的表演：「影片最令人發笑的片段是強尼戴普所扮演的迷人變裝者澎澎，那一兩次的驚鴻一瞥，真的是用直腸在走私東西，在監獄外面的這幾幕，改變了雷納多書中的內容。」電影在北美的票房超過400萬美金，這對一部觀眾有限且預算低的獨立製片來說，真是相當不錯的成績，而對戴普的影迷來說，也是相當有

戴普來說,參與《縱情四海》是一個可以演出藝術電影的機會。

趣。

　　《縱情四海》正是戴普所找尋的影片,這和他在巴黎的新生活相當吻合。莎莉波特(Sally Potter)的戰爭片招喚他演出吉普賽馬車夫凱撒(Cesar)的重要配角,同劇演員還有主角克莉絲汀蕾琪。這部影片在1999年冬天的巴黎拍攝,這對他新的生活來說,似乎行得通。「我離開美國已經兩年多了,這期間只回美國住了15天,」戴普承認,「我在巴黎拍莎莉波特的電影,然後必須飛到墨西哥拍朋友的電影(指《在夜幕降臨前》)。我必須在洛杉磯停留,然後和哈利狄恩史丹頓(Harry Dean Stanton)一起飛。我們一起到餐廳,在這一個小時中,有人拿一本劇本給我,又過了5分鐘,又有一個人拿一本過來。真是瘋狂,像是著魔似的,一點都不像是巴

黎。住在有文化的地方真的非常精采，在那裡的人尊重歷史、生活、藝術、建築，以及任何事。」

繼《Fear and Loathing in Las Vegas》和《斷頭谷》之後，克莉絲汀蕾琪第三次在《縱情四海》和戴普合作。蕾琪演出主角，是一個在英國成長、離鄉背井來到巴黎的猶太人，當納粹攻進巴黎時，她愛上戴普所扮演的吉普賽馬車夫。後來她被迫逃亡，拋下最愛，來到最不可能的地方——好萊塢，找尋她的父親。

蕾琪及戴普第一次認識是在拍攝電影期間，當時她和薇諾娜瑞德搭檔演出《風情媽咪俏女兒》（Mermaids），薇諾娜瑞德正和戴普在約會。她當時只有9歲，「我完全被他迷住，他真的很貼心，也對我很好，」里奇回憶著說，「和他一起工作真的很棒，他是我見過最好的人，既熱情、真誠，又有愛心。的確有點尷尬，因為我從小就認識他，又愛慕他很久，突然要在螢幕前卿卿我我，真的很奇怪又感覺不自在。」

戴普非常渴望再次與蕾琪合作，與她演出《斷頭谷》相當高興，「我認為克莉絲汀是少數幾位女演員中敢做大膽決定的——不僅是在選擇電影上，同樣的在她所做的事情上也是。」戴普承認。

同樣在《斷頭谷》，還有在《縱情四海》，戴普及蕾琪被放到一個浪漫的情境中。「腦中第一個想法就是，『天啊！我從9歲就認識她，而我們現在要接吻，同時做其他的事！』」戴普回憶說。

「這部電影，真的很奇怪，」蕾琪對《Movietime雜誌》表示，「每一場戲我們都有做愛的鏡頭——而且是激烈的。我們試著要很嚴肅的看待，但我們都會笑場，然後說『這真的很好笑！』」當然，他們最後還是解決了。事實上，即使他們又一起演了什麼對性非常感興奮的角色，仍無法停止媒體揣測他們的關係——這不是第一次——這兩人有比事業更進一步的關係。

戴普看《縱情四海》是另一部有藝術意義的影片，但又不必要全程參與——還有這部影片是在他移居的城市，巴黎所拍攝的。「莎莉波特導過《美麗佳人奧蘭朵》（Orlando），她是一個真正有趣、敏銳、聰明和關心人們的女人，」戴普說，「故事是關於一個猶太人及吉普賽人在佔領期間所經歷的事，沒有人談過它，所以我認為這是從那裡得到資訊的好機會。」

精心製作所呈現出來的結果就是，用最有吸引力的方法述說最簡單的故事。戴普的對白並不多，但卻有好幾次都在馬背上和床上與蕾琪打得火熱。

　　2001年5月25日在美國上映的《縱情四海》和《古墓奇兵》（Tomb Raider）、《神鬼傳奇2》（The Mummy Returns）和《極速風暴》（Rollerball）三部動作片一起進行肉搏戰，結果票房成績不到100萬美金。影評對這部電影的評價好壞參半，《芝加哥太陽時報》的羅傑艾柏特寫道，「這部電影呈現出令人驚訝的野心。」相反的，《舊金山記事報》的米克拉薩爾（Mick LaSalle）卻寫道：「一幕又一幕，蕾琪還有戴普眞的很無聊。一個是大眼睛，而另一個是深沉、沒有感覺的虛僞演出。」

　　戴普對他在《縱情四海》的扮相有好長一會的回憶，那就是吉普賽人凱撒嘴中的那兩顆金牙。「有一個傢伙做了它們，然後把它們裝在我的牙齒上，」戴普注意到那閃閃發光的牙齒，「要拔掉它們眞是極度恐怖的事，所以我把它們留了久一點。」

　　1999年的聖誕節之後，他和家人一直待在法國南部，直到2000年2月，戴普馬上帶著家人回美國和他的工作崗位。「有他們陪伴著，一點也不會影響到我的工作。唯一的干擾是，當我在拍片時，我要遠離他們。一直以來，我都想和好萊塢保持一點距離──那裡天生就是野獸纏鬥的地方。我要盡可能地和我的家人在一起，然後喝點小酒、抽根菸，這就是我的生活。」

　　此時，戴普發現一個機會──演出追求美國夢的角色，但又體會到無法實現這個夢的事實。導演泰德戴米（Ted Demme）提議《一世狂野》的角色喬治戎格（George Jung）給他。這個故事依據過去30年，古柯鹼在美國遭到濫用的眞實事件而改編，電影還特別提到與哥倫比亞大毒梟帕布洛艾斯科巴（Pablo Escobar）的關係。《一世狂野》對大螢幕是值得注意的象徵。戴米認爲一部電影要涵括30年，不是件簡單的任務，所以不能陷入繁瑣的細節中。修改是爲了電影，而不是因爲哪個好萊塢明星要參與其中。

　　「我們知道喬治戎格角色成功的要素，是依賴演員的敏銳及智慧來賦予。有人必須要讓他看起不只是像一個毒販──這就是強尼要做的。他爲角色帶來了機智，也爲影片帶來了意外的發展。」製作人喬爾史帝勒曼（Joel Stillerman）注意到。

　　「拍喬治戎格的故事，對我來說是相當有智慧的，」泰德戴米繼續說，「這是

戴普演出《一世狂野》的喬治戎格──因走私毒品讓他可以過著奢侈的生活，但這種行爲最後還是毀滅了他。

「我感到對喬治戈格的責任，」戴普提到演出眞人眞事的角色。

一個非常錯誤的美國夢，一個小鎮男孩竭盡所有才能和夢想，投入到販賣古柯鹼的非法交易中。他想要像許多的美國人一樣，成爲能一手掌握自己命運的男人——用自己的方法，找尋致富之道。喬治所渴望的東西，與他相關人物，例如父母、政客，或是法律，從來沒有告訴他可做或可不做。」

　　對戴普來說，這個角色是一個需要研究活人的角色，如他和杭特湯普生，以及

喬彼史東的關係一樣。因此，戴普探視因毒品刑責被判刑至2014年的喬治戎格本人，要來了解意想不到的毒品走私。

戎格不認識戴普，而且四處打聽這個演員，要看他是否能勝任自己這個角色。隔天，戎格打電話給導演戴米說：「這個戴普，那個男孩說他可以啦！」戴普回憶著說：「我很高興，在監獄裡面，有人喜歡我。」在與戎格談話的過程中，他被戎格的態度迷上了，也喚醒了他一些想法。「他真把自己看作是現代版的海盜。他不相信體制、政治，或是法規、權勢，他只是想出來生活而已，而且不想要像其他人一樣，找一個普通的工作。他有真正自由的憧憬，要做就做，還要極端的過活。但這樣只會沉淪下去，失去所有的東西，以及自己所愛的人。」

戎格的經歷喚起戴普所追求的成就，即所謂的美國夢：名聲及財富。「它提醒了我，當初開始演戲，並不是自己真正想要做的，」戴普辯解，「我開始賺著在以前夢想不到的財富，然後戲一部接著一部，突然間我的身價提高了，而且無法停止，這就是發生在喬治的身上的。他只是繼續做著看起來有無限發展的事。」

透過喬治戎格的角色，戴普發現自己有另一個「真人上身」的專長。事實上，除了加入一些想法到這個角色外，他也了解到自己演出的是真人真事，「對喬治戎格而言，我有很深的責任感，因為他有很長的一段時間都不可能假釋出獄。我並沒有花很多時間和他在一起，但有一天，我發現自己成功地進入到角色裡。這真的是令人興奮的時刻，因為你感到自己想的、做的、說的完全都像另外一個人。」

執行製作喬治亞卡坎達斯（Georgia Kacandes）注意到：「強尼的肢體語言真的很像戎格，甚至看起來就像怪怪的他。強尼在不知不覺下改變，尤其在拍攝喬治因壓力而墮落的過程中，他的身體很自然地虛脫，而且很驚人。強尼根本不需要化妝和服裝打扮，整個精神都是他。」

和戴普搭檔的是潘妮洛普克魯茲（Penelope Cruz）：「她演出瑪莎，是喬治想要馴服，但又無法馴服的女人。我對她有很深的印象。」戴普注意道。克魯茲也同樣注意到戴普，「強尼戴普是我所見過中最特別的人。他天生有股魔力，而且他不需要很用力地來詮釋主角。我不知道竟有人與生俱來就有這樣的特質，而自己正好要和他一起工作，但這整機會很少。」

如同潘妮洛普克魯茲，導演戴米挑選了國際演員來填補其他主要角色的空缺，如德國女演員法蘭卡波坦（Franka Potente），西班牙演員裘帝莫拉（Jordi Molla），演出戴普電影中的父母的是雷李歐塔（Ray Liotta）及澳洲女演員瑞秋葛瑞菲斯

（Rachel Griffiths）。而化妝和戲服則用來表現這些角色在電影中30年的歲月改變。

《一世狂野》於2000年2月到5月，在南加州及墨西哥兩地拍攝。緊接著，在2001年4月6日上映。《一世狂野》在全球的評價均是正面的。《華爾街日報》（The Wall Street Journal）的喬摩根斯頓（Joe Morgenstern）提到戴普的演技真是爐火純青：「他是電影力量的來源，也是電影要象徵的問題根本，」他寫道，「喬治的角色被有魅力地演出來，我們看到這個男人所呈現的內心本質和能力，竟絲毫沒有討厭的感覺。」很明顯，評論是針對個別演員寫的。另一方面《紐約郵報》的路魯曼尼克（Lou Lumenick）寫道：「……鮮少有電影對罪犯的低道德生活描述，引起人們的注意與同情。」另一方面《華盛頓郵報》（The Washington Post）的史帝芬杭特（Stephen Hunter）評論到：「你不能為一隻老鼠寫出美麗的詩。」同樣地《芝加哥太陽時報》的羅傑艾柏觀察說：「強尼戴普是一個多變又可靠的演員，他總是選擇有趣的企劃。該失敗、該痛苦的是喬治戎格……他不足以讓人感興趣到拍成一部電影。」

美國的票房成績累積到5千300萬，這對一部預算非常低，且全劇均以戴普為中心來吸引觀眾的電影而言，它的成績相對的好。

但《一世狂野》還是有不好的後續消息，那就是正值38歲的導演泰德戴米在2002年1月13日因心臟病猝死——在洛杉磯參加一場名人籃球賽之後死亡。驗屍報告和毒物檢查，證明為不確定的「自然死亡」，但還是有人猜測說，戴米早期曾使用過毒品，以致於心臟變得脆弱。戴普在出席洛杉磯的葬禮時，稱戴米為「逝去的同事」，同時為他的猝死而驚訝，特別是他們的年齡相仿。

是因為《濃情巧克力》（Chocolat）在法國拍攝？還是戴普又再一次提議在影片中客串配角？亦或又再次有機會和《戀戀情深》的萊斯霍斯壯合作？還是因為在《鬼上門》的搭檔，霍斯壯的太太蓮娜歐琳（Lena Olin）的關係？還是因為在影片中有彈吉他的場景——這個演員的最初喜好？「這是我第一次真正的演出。在《哭泣寶貝》中，我只是假裝彈，這一次是真的在螢幕上彈吉他。我找了一些藍調唱片，然後練習練習，我真的好喜歡。」戴普留意地說道。在《濃情巧克力》中，戴普的角色是一個操著愛爾蘭口音的吉普賽人勞克斯（Roux），在2個多小時的電影中，他只不過出現20幾分鐘，但卻對電影有著非常大的影響。

《濃情巧克力》是由瓊安哈莉絲（Joanne Harris）虛構的小說改編。茱莉葉畢諾許（Juliette Binoche）飾演的薇安，在一個有宗教傾向的社區開了一家巧克力店，她

茉莉葉畢諾許是另一位被戴普過往所紀錄吸引,而一起工作的人,而這和戴普的英俊長相無關。

被看成是個有影響力的外來者,因為所做的巧克力對當地居民起了重大變化——讓他們變得更開放,又更加自由⋯⋯

再一次,從《The Brave》中被喚醒的角色議題裡,戴普明顯地選擇了《濃情巧克力》裡的勞克斯:「和導演討論過後,我馬上就覺得他應該是個靈魂不受禁錮的吉普賽人,他帶著吉他周遊世界。吉普賽文化讓我著迷,越接近就越覺得和美國的印地安文化歷史很像。」而這和戴普在巴黎生活前的日子產生共鳴:「勞克斯是一個漂泊者,他一再地遷徙。他也是沒有根的人,不會在同一個地方待很久。」

這個吉普賽漂泊者也讓戴普想起自己的童年:「我想我對事業的選擇,有一些是因為和自己的童年成長有關,」戴普承認,「我記得小時後我家經常從這個城市搬到另一個城市,而我所能記得的就是在學校裡受到的痛苦。從來沒有人接受我,那真叫人難以忍受。」

　　而戴普必須要承認他從沒看過自己之前與霍斯壯的合作作品：「我從沒看過《戀戀情深》，那是我在30歲時拍的。那對我來說是很糟的一年，我現在仍認為。那個時期，對我個人和情感上來說，都是相當艱難的時期。當萊斯帶著《濃情巧克力》的構想來找我，我真的很驚訝。我們在《戀戀情深》的經驗是很好，但還是很辛苦。我真的很驚訝他要再一次和我一起經歷同樣的事，我是那種喜怒無常、常陷入沈思、一個可怕的人……但我同樣很高興要再次與他一起工作，也許是是要救贖我自己，因為他是一個有魔力的人。」

　　能再次與萊斯霍斯壯合作是《濃情巧克力》吸引他的最大關鍵。「萊斯像是個有魔力的人，」戴普告訴《Dreamwatch雜誌》，「他有種純潔的特質，有時像個小孩子，拍戲時，他就是導演，他的簽名，簽得到處都是。看他的電影，你看到很多的人性。」

　　拍攝《濃情巧克力》出現一個問題，那就是要吃很多的巧克力。有些人視為是激勵工作的一部分，但戴普很快便嫌惡了，「吃得過多，」他承認，「再多拍攝三秒鐘，我就會吐出來，」霍斯壯補充說道：「大部分的巧克力都佈滿了灰塵，拍攝期間我們不會去掃灰塵。我們也有塑膠的巧克力，50%的巧克力都是塑膠的，而且人們根本無法分辨出來。拍戲讓大家一直吃，所以在塑膠巧克力上都有個大齒痕。」

　　除了在電影中演出浪漫的重要角色，戴普認為他不是這個角色的理想人選：「很多人習慣於『男孩遇見女孩、男孩甩掉女孩、男孩再次發現女孩』，這類好運的事。《濃情巧克力》很有趣，但我不確定自己是否很拿手。如果我一直要做這樣的事，我可能會無聊到哭。我在《開膛手》（From Hell）中的角色很灰暗，我只對研究人的行為感興趣。」

　　對茱莉亞畢諾許而言，在《濃情巧克力》裡，她看到戴普演出的男人內心和他的吉普賽人，便表示，「吉普賽人需要一個家庭，我認為他可以從工作中找到家人，例如萊斯霍斯壯及提姆波頓。有一次我問他為何要讓自己這麼忙，他回答，『我必須要讓頭腦忙著思考。』」

　　《濃情巧克力》是在法國郊區及倫敦郊外的片場拍攝，於2000年7月拍攝完畢，就在同一個時期戴普開始他《開膛手》的拍攝。《芝加哥太陽時報》的羅傑艾柏為《濃情巧克力》寫道：「畢諾許穩重地支配整部戲，如有智慧的神祇一般……這是一種可以得到樂趣的優質虛構故事，它的價值是從童話故事而來，但只有成人的主

對開膛手傑克的故事著迷，戴普奔向休斯兄弟給的機會，演出《開膛手》中的警探。

題可拿來引用。」

《滾石雜誌》的彼得崔維斯（Peter Traves）為《濃情巧克力》著迷：「魅力十足的戴普掉進《濃情巧克力》，演出誘惑薇安，操愛爾蘭口音的吉普賽人勞克斯。這個故事可能有點輕浮，但是不要忽視霍斯壯的精緻呈現能力，因為《濃情巧克力》很可口。」

《濃情巧克力》在2000年12月15日上映，美國票房達到7千150萬美金，這要感謝電影公司有技巧的行銷手法。此片囊括5項奧斯卡提名，包括最佳影片、最佳女演員，以及最佳女配角。

在《濃情巧克力》後期，以及還沒開始拍攝的《開膛手》之間，有幾部電影的

在911恐怖攻擊那一天向美國推銷《開膛手》，戴普發現這是令人不自在的宣傳期。

拍攝計畫來到戴普身邊。戴普和導演葛芬唐納（Griffin Dunne）有計畫要拍《驚天爆》續集。而他同時也和一部，敘述熱門綜藝節目製作人晚上搖身一變，成為中情局殺手的角色有關連，這片是《神經殺手》（confessions of a Dangerous mind），是喬治庫隆尼（George Clooney）所執導，後來由山姆洛克威爾（Sam Rockwell）演出。另外還有《瞞天過海》（Ocean's Eleven）由布萊德彼特演出的角色，也曾可能與戴普有關係。以及與提姆波頓再次商談的第四部電影。

　　根據亞倫摩爾（Alan Moore）和艾迪坎貝爾（Eddie Campbell）的漫畫，《開膛手》被看成是《斷頭谷2》，但對戴普來說更勝於《斷頭谷》。漫畫把各種關於開膛手傑克在1880年代於白教堂區（Whitechapel）的兇殺案臆測，毫不誇張、密集地全都歸納了出來，讓人們對謀殺案和現在這個時代有所省思。漫畫在發行時就受到讚賞，若以這個知名題材改編成電影，相信票房也會大賣。這幾年來，關於開膛手這個議題，在好萊塢一直發展，從華納兄弟、New Line，最後落腳於福斯。據傳裘德洛（Jude Law）拒絕了這部300萬的片酬的電影，然後布萊德彼特因檔期不能配合而推掉。最後，《開膛手》的導演艾倫及亞伯特休斯兄弟（Allenand Albert Hughes）和強尼見了面，發現開膛手傑克是另一項讓戴普著迷的東西。

　　「我是被較黑暗的一面給吸引，特別在我小時候，」戴普承認對開膛手傑克有興趣很久了，「這方面的書，我有25本書，甚至更多。裡面有很多種的說法，可能對也可能不對，我無從得知。我認為這個題材可以拍成一部不錯的電影，如果小心製作的話。」

　　從以細心聞名的兄弟檔導演那消除了疑慮後，沒有多久，戴普就簽約了。他評論道，「艾倫及亞伯特對這個題材充滿了熱情，他們比我所合作過的導演都還要認真研究拍攝主題。我對這個故事非常熟悉，知道要怎麼問問題，而他們也知道答案是什麼。」

　　戴普要做的第一件事就是要有英國腔。也就是這個原因，讓許多對象，例如基努李維和布萊德彼特失去許多可能合作的機會。戴普扮演的是一個滿口東倫敦腔的人物亞伯萊（Abberline），他要盡可能地來詮釋這個角色——他來自多塞特郡（Dorset），講起話來有種奇怪的口音。而在倫敦做前置準備期間，戴普由前警探兼開膛手專家唐納羅比洛（Donald Rumbelow）陪同，到倫敦東區（Est End）附近逛了兩個小時。這兩人將行程圓滿地結束在泰貝爾酒吧（Ten bells Pub），那裡是被開膛手殺掉的被害人，習慣喝酒的地方。

　　戴普對開膛手暗殺事件未結案的陰謀論說法，給完全迷惑住了。漫畫追蹤這個陰謀到白金漢宮門口的門口便停住了。「是否英國君主政治體系，實際參與開膛手的謀殺案指控，也不會削弱統治階級權勢的力量，」參與製作的耶格里沙（Yglesias）說道，「然而，在維多利亞時代，當權者根本就拒絕考慮兇嫌可能是權貴人士，社會上一致認為是可能是貧窮人士或是低下階層的人所為。」

　　戴普把佛瑞德亞伯萊定位在心理學家的位置，避免瑪麗凱利（海瑟葛拉罕，

Heather Graham）變成開膛手的下一個被害人，這讓他的角色變得更加有意義。「亞伯萊的人生遭受到打擊，他失去了太太和女兒，還要靠這靜坐才可能渡過每一天。我喜歡亞伯萊，因為他不是一般的警探，他必須要處理這個棘手案件，同時面對自己的問題，就是毒癮。他試著要逃離自己的恐懼。」

2000 年的7月到9月間，《開膛手》在布拉格拍攝。拍攝小組不僅要在布拉格搭建出毫無瑕疵，維多利亞時代的倫敦建築，同要也要滿足於氣候多變的布拉格。最高溫達攝氏37度，是布拉格139年來的最高紀錄，而7月中旬還低到攝氏零下負1度，這種怪天氣被大家解釋為：「前所未見！如果在倫敦是這麼冷的話，傑克開膛手就會留在家裡。」執行製作湯姆斯哈墨（Thomas M. Hammel）抱怨。

不是倫敦，也不是布拉格會提供給劇組一個1880年代白教堂區的場景。奧斯卡製作設計得獎人馬丁柴德（Martin Child）在布拉格外面近Orech的村莊複製、搭建一整個地區。「場景對這類電影來說是很重要的，對故事有直接的影響，」柴德說。170位木匠工作12個星期搭了令人深刻印象的場景。主要的場景包括白教堂區的泰貝爾酒吧、商店街及基督教堂，還有被害人被發現的場景。這些主要是要重現在1888年發生的事件。戴普印象深刻：「走在搭好的道街上，我根本被嚇呆了，真令人難以置信。休斯兄弟是對細節是出名的講究，從建築主體，到地板鵝卵石的鋪法，還有窗戶破了的位置……馬丁柴德做了相當了不起的工作。」

戴普和5位演出《開膛手》被害人的女演員合作：海瑟葛拉罕、蕾絲莉夏普（Lesley Sharp）、蘇珊林區（Susan Lynch）、卡琳卡特莉吉（Katrin Cartlidge）和安娜貝兒愛普生（Annabelle Apsion）。還有演出古德立的羅比柯崔（Robbie Coltrane），以及飾演皇家外科醫生的伊安荷姆（Ian Holm）等。

影片的風格及呈現對休斯兄弟來說是很重要的，從建造白教堂區到戲服，視覺效果都是要來重建倫敦的樣貌，同時抓住亞伯萊的幻想和開膛手未被發現的行動等情節。

所有的用心終於有了成果，影片一上映就沉浸於喝采中。《紐約郵報》稱《開膛手》，「是剎那的經典之作……很吸引人、有風格的驚悚片……最經典和最佳演技的血淋淋恐怖電影。」《達拉斯晨間新聞》（The Dallas Morning News）的克里斯蒙那（Chris Vognar）認為「此片既不是偶發的藝術結合，也不是血淋淋的恐怖片，《開膛手》處理可怕場面非常的明智。」《費城調查者報》（The Philadelphia Inquirer）的史提芬瑞（Steven Rea）評論這部電影是，「好像是到主題樂園的鬼屋一樣。」

　　《開膛手》在2001年10月19日一上映就攻上全美票房第一名，當週票房成績是1千100萬。電影在很詭異的時間上映，即911恐怖攻擊之後的一個月。影片的成果特別引人注目，因爲當時美國在眞實生活中是個受害者，很多評論分析此刻的美國人沒有心情看虛構的暴力行爲。

　　戴普說出在賓拉登攻擊紐約之後搭飛機的不安，但還是坐了14個小時的飛機由巴黎飛到美國爲電影宣傳。他說到：「在一片迷惘中，要坐下來談論電影本來就很困難。我馬上計畫回家和女兒在一起，然後呢，我不知道。我不能說把我兩歲半的女兒，還有凡妮莎帶上飛機會很自在。」有人問，除眞正世界的狀況外，如果觀眾喜歡《開膛手》的話，戴普回應：「電影是逃避現實的東西，如果人們要走出去，跳脫現實社會幾個小時，有何不可？」《開膛手》在美國票房總數達3千100萬，戴普同時也被提名爲科幻、恐怖片最佳男主角。

　　2000年9月泰瑞吉蘭（Terry Gilliam）在拍攝《The man who killed Don Quixote》的第二天一切事情變得相當美好。從6月開始的前置作業已經在進行中，除了往常與演員合約的問題、馬匹的問題、不適合的低預算，還有非常少的練習時間外，各種事皆在精心的計畫中。畢竟，吉蘭在過去的10年中參與過各種不同的版本企劃。現在終於要進行拍攝，兩個演員法國明星尚羅契夫（Jean Rochefort）和強尼戴普站在西班牙北方沙漠的鏡頭前。

　　「接著就下雨了，」強尼記得，「不是只有雨，那是像石頭的大冰雹，打到我的頭，而且把我外套的口袋裝滿冰。我經歷過傾盆大雨，但這個有點荒唐——我不希望有這種經驗不過，但眞是壯觀。」

　　演員及工作人員坐在車子裡看著佈景、道具及攝影等設備漂走，有一些則還在。唐吉訶德的詛咒來襲了，如果這是最糟的事，其它的就簡單了。不幸地，天氣差只是一連串的問題的開始而已，困擾著拍攝的是在兩個星期內就停拍的事實。

　　戴普演出托比葛洛辛尼（Toby Grosini），一個廣告界的天才被送到17世紀，遇上唐吉訶德的奇妙冒險之旅，他主要作用就如同唐吉柯德的隨從桑丘（Sancho Panza）一般。「當我讀此劇本時我馬上目瞪口呆，」戴普說到劇本，「就像是讀了一本上等的小說，我拿到馬上就讀。這是我看過最優秀的劇本，歇斯底里地有趣，富含詩意，非常深奧。一個很棒、很棒的故事。」

　　吉蘭迷上唐吉訶德。他寫了劇本，接著馬上在1999年進入製片之後，因資金贊助人撤資此片才失敗。後來又來了另一個版本，這一次是吉蘭《Fear and Loathing in Las Vegas》的合夥人東尼格索尼（Tony Grisoni）。另一位導演則是試著要拍依賽凡提斯（Cervantes）故事中的唐吉訶德，這個假騎士和他的隨從桑丘——歐森威爾斯（Orwen Wilson），《大國民》（Citizen Fane）裡的天才導演。每個在拍吉蘭片子的人，都痛苦地體認到電影唐吉訶德歷史般的詛咒。「這就如同烏雲罩頂般。」戴普想著。

　　主角尚羅契夫已經70歲了，他也病了。經歷完6天的拍攝工作，他飛到巴黎找醫生檢查病情，但卻無法回來拍片。氣候問題和在F16飛機演習的測試地點拍片，現在是最沒問題的。但戴普回想尚羅契夫的離去，注定了電影不會完工。加上財務早已是個憂慮，一個是因天候流失設備而未解決的保險索賠，以及另一群神經緊張的投資者和製片人員，接著吉蘭離開拍攝現場，回到倫敦。「我想我是最後一個離開的人。」戴普沮喪的宣稱著。

　　這個明星真的很沮喪，因為這部影片是他和凡妮莎帕拉迪絲一起合演的。「這是有史以來凡妮莎和我一起演的戲，」戴普沉思著說。「能一起工作我們很高興，也有點害怕，因為要在鏡頭前向對方說謊，有點怪，但我認為我們在前面幾天就適應了。」影片中止拍攝前，帕拉迪絲沒有拍到任何鏡頭，除了化妝、頭髮和戲服的訂製。

　　於是有一部影片拍了這次的災難，但不是《The man who killed Don Quixote》本身。吉蘭邀請拍紀錄片的製作人吉斯富頓（Keith Fulton）和路易斯沛沛（Louis Pepe）來拍攝幕後故事。富頓和沛沛最後完成了《救命吶！唐吉訶德》（Lost in La Mancha）的紀錄片，一部93分鐘，吉蘭想盡辦法要讓唐吉訶德復活的地獄般經歷。

　　「泰瑞真的非常興奮，經常狂笑，同時讓人驚喜，」戴普回憶著說。「他是個無可救藥、熱情、好奇和學識淵博的人。他只是愛它、愛它而已——然後，日復一日，你看到他退縮了。要看泰瑞這樣是很難的，他被打敗了——泰瑞這個硬漢被打敗。真的很難過，因為這可能是泰瑞吉蘭的最佳之作。我對這部片感覺非常好，真的很有興趣，是很有趣的角色，而泰瑞也這麼認為。」

　　當《The man who killed Don Quixote》——停工，所有製片的資產——包括劇本——都變成保險公司的資產。吉蘭決定買回劇本後再重拍，戴普還是他的首選。「很難問為什麼他這麼的不同，」談到戴普，吉蘭思考表示，「然而，就技術性上

來說，他的表現令人吃驚。他絕頂聰明，就是那種你要花上10年在皇家影藝學院（Royal Academy of Dramatic Arts，RADA）學習才能有的演技，他完全自無師自通。當你和他合作過後，不會再想和其他人一起工作。對我來說即使是和《死裡逃生》（Python）的巨蟒一起拍戲也無所謂——他就是這麼容易入戲、有趣、有創造力。」

重拍此片可能要等一段很長的時間，即使戴普最後是要演出唐吉訶德本人，然而不管何時，他都願意。「一旦泰瑞要重新開始，我就準備好了。我認爲這是部很棒的電影，我認爲我們都可以把泰瑞吉蘭的電影拍得很美、很有趣。不管拍到什麼程度我都願意參與……」

第八章 快意馳騁 Thrill Ride

在《The man who killed Don Quixote》之後,強尼戴普回到家庭。自1995年《驚天爆》之後他就馬不停蹄的工作。現在他很高興可以暫停螢幕也終於有時間與妻女相處了。如同凡妮莎帕拉迪絲說,「有了孩子之後會讓人不會那麼的自私。你沒有多少自己的時間,因為時間都給了她,很值得。你想要教導他們很多事,同樣的他們會教你很多關於真實、關於天真無邪,還有快樂的事情。」據帕拉迪絲表示,戴普和她一樣學習如何當父母親。「強尼是一個很棒的爸爸、好父親,也是一個很棒的人。」

現在是戴普成為全職父親的好時機。2000年聖誕節之後,戴普與帕拉迪絲決定要過一個優閒的2001年。2000年戴普也曾加入帕拉迪絲新專輯「Bliss」的音樂製作及演奏(專輯在2000年的10月於歐洲發行),同時親自執導帕拉迪絲新專輯中「Poutant」及「Que fait la vie」兩首歌曲的音樂錄影帶。新專輯是帕拉迪絲依據自己與戴普和女兒莉莉蘿絲的生活為藍本而寫出的——莉莉蘿絲是一個專注的聽眾,而且可能不只出現在一首歌中。

即使在有嚴厲的隱私法保護下的法國生活,戴普還是被不請自來的媒體所困擾。「那裡的小報真的很齷齪,」戴普說到法國小報,「法國法規超嚴,但他們違反規定。我和一家很蠢叫Voici的雜誌有一段小插曲,他們刊登一張用長鏡頭拍攝莉莉蘿絲的照片,我真的氣炸了。你可以控告他們——我就告了好幾次,凡妮莎也告了,而我們每次都贏——但這一次已經超越告的處理方式。」

這一次戴普自己徒手解決。如導演波蘭斯基所說的做出「青少年的反應」:「我只想把應該負責任的人打到倒地不起,」戴普承認,「我只想把他粉身碎骨,我持續追蹤他,給他幾個該如何生活、過得更健康的建議,他聽了我的建言。他們的行為是不被接受的,他們可以對我做任何事——大部份的小報是這樣的——但不能對我天真無邪的小孩——因為她不是活在馬戲團中。」

2001年初,常有一些正在進行的角色提議給戴普,而且大部份都被擱置一旁。不是因為戴普沒有承諾,就是製作人決定改變企畫的方向。這些角色包括與珍妮佛樂芙休伊(Jennifer Love Hewitt)的合作,重拍1940年代的電影《It's Started With Eva》。這是一部4千萬美元的製作,故事是戴普所飾演的兒子,找一個女孩來假扮成自己的未婚妻,以取悅快要過世的父親,誰知父親突然康復,使得計畫變得亂七

八糟。亞伯芬尼（Albert Finney）被說服飾演戴普螢幕上的父親，但直到今天，這部電影還沒有進展。另外，戴普理應被考慮演出傳記電影，詩人拜倫的角色，但此角色後來傳由裘德洛演出。然而，再一次地，這個企畫案也沒有成功。

　　《綜藝雜誌》報導說，戴普簽約演出預算1千300萬的英國詩人及劇作家馬羅（Christopher Marlow）的電影。它是由德資的「天然尼龍」（Natural Nylon）製片公司製作，創辦人是裘德洛和他的老婆莎蒂福斯特（Sadie Frost）、強尼李米勒（Jonny Lee Miller）和西恩帕威（Sean Pertwee）。這部片的導演是約翰馬布里（John Maybury），導過《Love is the Devil》和《顫慄時空》（The Jacket）。由於裘德洛和福斯特分手加上財務的關係，「天然尼龍」因此解散，當然此片有無疾而終。

　　2001年，強尼戴普唯一的一部影片是客串演出勞勃羅瑞格茲（Robert Rodriguez）導演的《英雄不回頭》（Once Upon A Time in Mexico），這是《殺手悲歌》（El Mariachi）系列的第三部。羅瑞格茲的電影事業，由拍攝低成本的《殺手悲歌》動作片開始，接著到成本大一點的騙子電影續集《英雄不流淚》（Desperado），由安東尼奧班德拉斯（Antonio Banderas）及莎瑪海雅克（Salma Hayek）主演。後來他轉而製作兒童電影《小鬼大間諜》（Spy Kids）系列，而受到《衝鋒飛車隊》（Mad Max）及導演賽吉奧李昂（Sergio Leone）的Dollars電影靈感影響，羅瑞格茲決定要完成他的三部曲。

　　影片採用和前集同樣的角色和演員，同時加上更多新的敘事情境，再穿插幾個新的角色，而其中一人由戴普演出。悲慟欲絕、受傷的馬力亞奇（安東尼奧班德拉斯），隱退離群索居。中情局幹員桑德斯（戴普），欲招募退隱英雄來阻止墨西哥總統可能遭刺殺的陰謀——出自毒梟巴瑞羅（威廉達佛飾，Willem Dafoe），於是慫恿馬力亞奇重出江湖。然而馬力亞奇有也有自己報復的原因。

　　「這個劇本是很多故事的綜合體，是在FBI工作的叔父說的，」羅瑞格茲宣稱，「部份是真的，但其他為虛構。劇中有倒敘形式的呈現，所以看起來很像是第四部電影，而第三部則沒存在過的樣子。倒敘的幻象包括了先前主角們沒有察覺到的場景，如此讓電影看起來更像詩一樣美。」

　　戴普發現，演出這個是非不分的中情局幹員桑德斯是個很大的挑戰。「這是一個可以演出與期望中不同的中情局幹員的機會。他不是那種老套，或類似我曾看過的角色。勞勃創造出這樣的中情局幹員角色真是有趣，桑德斯工作的地方沒有人喜

歡他，他無視於人命，我從沒演過這樣的角色過——他不是一個好人。」

戴普是少數幾個羅瑞格茲認識的演員中，願意演出墮落、不正常的角色的人。「強尼的角色是很邊緣的，而你必須要有一個演員願意接受這樣的角色，很多演員不想接，不然就是不像，」羅瑞格茲注意道，也許他是想到戴普在《在夜幕降臨前》 及未完成的《The man who killed Don Quixote》中的樣子，「只要這個角色很有趣，強尼似乎不太在意他是什麼樣的人。好玩的是，無論我們要他多麼的邪惡，強尼還是難以置信地表現自然，所以角色最後還是會得到同情。我不認為你會厭惡強尼戴普演出的角色，不管桑德斯是多麼的墮落，或是壞到骨子裡。劇本中我最愛的角色就是桑德斯，也是我為這部電影創造的第一個角色。他精心安排整個暗殺的計畫，然後又看著它瓦解。接著強尼再次把桑德斯又帶到另外一個層次。」

很明顯地，強尼有要變成這樣一個人的爆發力，儘管他遠離家庭工作。所以不用懷疑，他前半年花在家庭的時光，是要準備在2001年5到6月的夏天來進行電影的拍攝工作。「很棒，真的太棒了，」戴普熱切的說，「羅瑞格茲真是個好人，一個真正的好人。我們以高水準的方式拍攝，那真的是數位的奇蹟。真令人難以置信，你不聽到『卡』，只是一直演，直到他說『再做一次』。基本上你只是要把75分鐘的帶子拍完，所以只要一直演就好。」導演在數位拍攝及後製技術性上的創新，讓戴普著迷，而且還給戴普一個理由，相信像羅瑞格茲這樣的導演會為這個產業帶來未來。「羅瑞格茲是一位令人驚訝，又有趣的人。他一定會在這個產業長久生存的。」

在羅瑞格茲的道德領域內，戴普發現智慧及柔情。「勞勃的行動在任何時候都有很多幽默之處，這是對世俗人情的一種致意，」戴普說，「這真是件有想像力也很美好的事，那就是桑德斯知道自己最後還是會死，但還是盲目用槍掃射來防衛自己。勞勃決定將桑德斯的生死，交到一個天真男孩的手上，而他剛好是桑德斯唯一在乎且願意救的人。」

根據羅瑞格茲表示，桑德斯和男孩之間的友誼也遷動著觀眾對桑德斯的感覺。「強尼殺死某個你鄙視的人，這給觀眾對他的感覺互相抵觸，然而到最後，他們確為桑德斯喝彩。看著無可救藥的人，最後成為救贖的人，是件很有趣的事。」扭曲角色，似乎很快成為強尼戴普的專長。

以高水準的數位攝影機拍攝電影，意味著《英雄不回頭》的製過程將會很快完成，這令戴普相當感激。7個禮拜的拍攝進度，對一部重要電影的製作來說，是史

演出中情局幹員的戴普，很驚訝的發現自己在《英雄不回頭》中，只有9天的拍攝期。

無前例的，而羅瑞格茲自己則是擔任很多幕後的工作，包括導演、製片設計、編劇和作曲的部份。演出中情局幹員的戴普，很驚訝的發現自己在《英雄不回頭》中，只有9天的拍攝期。

　　拍攝地點是在墨西哥的一個殖民城市裡。戴普在這個國家拍過戲，是從墨西哥繞回古巴拍攝的《在夜幕降臨前》。《英雄不回頭》中有很多特技情節，但他的角色沒有這麼多，不過槍戰似乎是他的專長。化裝師們被要求替戴普做一隻假的手臂，僅僅因為他們鎖定的這個演員從巴黎送出了一張傳真。這隻假手臂的玩笑在拍攝期間一直流傳，大夥笑說可能成為吉恩懷爾德（Gene Wilder）演《新科學怪人》（Young Frankenstein）的新參考，而戴普說他將來也可能會利用它來啟發下一部影片。

　　當戴普到達拍攝現場，他對自己的角色也有一些看法，「他說，『我想像中的角色是衣著光鮮的觀光客，』」回應導演羅瑞格茲的說法——承認他對戴普的角色沒什麼想法。「我這才了解這個人可能對百老匯劇著迷，」戴普思考表示，他也希望有著各式各樣的裝扮，然後可以把自己明顯的偽裝起來，「所以我帶了所有的假髮及假鬍鬚，」這個演員表示。但假鬍鬚的花招最後被剪掉了，不過還是留在DVD的花絮中。

　　同樣地，戴普對《英雄不回頭》也做了其他貢獻。在《濃情巧克力》中的吉他經驗，以及參與製作凡妮莎帕拉迪絲的新專輯，讓他即使在自己的「P樂團」因拍片而受到冷落之後，仍對音樂有更多自信。據羅瑞格茲表示，「強尼為他的角色寫了一系列的音樂作品，也採用了。我為它重新製作一個交響樂版本的，只要戴普一出現，音樂就會響起。」

　　影片完成不久之後便上映，戴普驚訝地發現自己到底有多頻繁的出現在影片中。「我認為比較像客串。你知道的，就是那種匆忙來去的演出。但突然間，經紀人和姐姐告訴我，『拜託！你從頭到尾都出現在影片裡。』我真的沒有概念——特別是只有9天的拍攝行程。」很明顯然的，勞勃羅瑞格茲把戴普的9天拍攝行程，給徹底的運用上了。

　　事實上，戴普還蠻喜歡整部片的拍攝節奏，他還問導演還有什麼是他可以做的。「他從沒有在8至9天之內拍完一部電影，所以最後問：『各位，還要我做什麼呢？』他說，『誰演神父？』而我說我還沒有導到那裡，他接下去：『我假裝馬龍白蘭蘭度的聲音演別人如何？我可不可以在離開前演出神父？』所以有一幕告解的

戲根本就不是強尼應該演的……」

2003年9月12日上映的《英雄不回頭》確實受益於《神鬼奇航》（Pirates of the Caribbean）中傑克史派羅（Jack Sparrow）角色。他在海盜船中的表演受到影評們的喜愛，因此《英雄不回頭》比預期更受到歡迎。然而《殺手悲歌》續集，對一些影評們來說，沒受到什麼感動。《紐約時報》的艾歐史考特（A. O. Scott）便報導：「唯一缺點的就是協調性的問題——或者是主題，一個更有趣的點子或構想。」《波士頓全球報》（The Boston Globe）的衛斯理莫瑞斯（Wesley Morris）評論說：「電影的情節要你自己看，自己了解。」然而，演員就受到較多讚美，特別是在戴普的部份。《華盛頓郵報》的安荷娜戴（Ann Hornaday）寫道：「戴普是演藝界最會偷的演員，只要是他有演過的，都會『偷』。」相同的，《多倫多明星報》（The Toronto Star）的奇歐弗貝佛瑞（Geoff Pevere）也寫到：「這是今年的第二次，只因為這個演員的出現，就把一部爛片變成可看性高的電影。」

這部影片上映的第一週，就站上當週10大賣座影片的第一位，票房成績是2千400萬美金，同時把戴普的海盜船電影擠到第5名，它當週票房只賣出4百60萬。海盜船電影的票房已經超越3億美金，而《英雄不回頭》的國內票房僅超過5千6百萬，再加上海外票房的2千6百80萬。這部電影同時讓戴普獲得金衛星獎（Golden Satellite Award）的最佳男配角提名。

即使居住在巴黎，還有從電影的拍攝中抽出時間當居家男人，戴普還是能為在洛杉磯，那惡名昭彰的Viper room撥出時間。日常的瑣事管理交給戴普的兒時玩伴薩爾珍柯來打理，但這個演員說，如果他在那裡看到毒品，他會親自處理。儘管常常成為問題人物的事件發生地，戴普仍持續地擴張他生意。除了共同擁有巴黎的Man Ray餐廳，戴普決定在倫敦開設一家時髦酒吧。據說是和前英國足球高手李查普曼（Lee Chapman）合夥，接著再計畫開一家倫敦版的Man Ray餐廳。

在這段時間，就如同戴普沒有想要讓女兒莉莉蘿絲成為演員一樣，凡妮莎帕拉迪絲也不熱衷要女兒繼承衣缽。但是，帕拉迪絲體認到她只能做到愛她，還有給她建言外，真的無法做什麼。「你無法對小孩說『不』，我的意思是說你可以說，『你不可以觸摸火，因為你會燒傷自己』」——這就是我現在做的，因為她想要觸摸

在勞勃羅瑞格茲執導的《英雄不回頭》中，戴普幾乎「偷」了每一個鏡頭。

任何東西。但人生重大的決定，例如『不要愛上那個人，他不適合妳。』，你不能這麼說，你無法禁止某人做什麼事，你只能在那裡幫助他們。所以我真的會爲她擔心害怕，非常擔心，如果她需要我，我就會在她左右。」

斷斷續續和老友尼可拉斯凱吉聯絡，但戴普最後還是失掉了漫畫英雄角色的機會。而這也給戴普一個向老友坦白的時機。2001年10月在比佛利山，凱吉出席在美國實驗電影（American Cinematheque Gala Tribute）的頒獎典禮上，在獲獎同時，戴普因個人因素無法出席，卻送了一段影片致意，影片是一段對過去行爲的懺悔。在他們仍是年輕演員，爲理想奮鬥的短暫同居時期。戴普身無分文，又飢又渴的某天，他把開凱吉的衣櫃裡的一些墨西哥幣偷走，換成美金然後買食物大吃了一頓。隱藏這個罪惡多年，強尼希望尋求凱吉的原諒。但最後凱吉的回應並沒有播出來。

2002年初，《一世狂野》導演泰德戴米之死深深打擊著同世代的戴普，但2002年2月戴普家裡又傳出好消息：又有新生命到來。傳言凡妮莎帕拉迪絲又再一次懷孕。當帕拉迪絲退出原本要在那一年夏天拍攝安妮芬婷（Anne Fontaine）的影片《Nathalie Ribout》的娼妓一角時，消息便出漏出來。同樣的，戴普把他2002年夏天的時間空出來，以便迎接他們第二個小孩。「我選擇休息，照顧凡妮莎，以及我的女兒莉莉蘿絲。」

帕拉迪絲說到持續擴大的家庭時，「當然，我希望莉莉蘿絲有很多弟弟妹妹們，很多，」她補充說道，「我已經有了自己無法想像的人生，從來沒想到是否要得太多。」

就在快樂日子中公開懷孕消息不久，強尼戴普及凡妮莎在2002年4月9日，巴黎郊外的醫院，歡喜迎接兒子「傑克・約翰・克里斯多弗・戴普三世」（Jack John Christopher Deep III）的誕生。戴普的兒子重達0.75磅，他在自己的胸前附近刺著莉莉蘿絲名字的刺青，又在右前臂加上一個新的名字「傑克」，在鳥圖騰下方。

戴普描述他典型的家庭生活：「真的令人驚訝，我起床爲兒子泡牛奶，還爲女兒準備早餐。然後我們就漫步到鄉間，或者，也可能在屋內畫畫、玩沙子或是盪鞦韆。下午我就品酒、喝咖啡，不然就睡覺。這就是我的生活，我很喜歡。」

新的生活，爲戴普帶來早年生活所欠缺的心境上的平靜。「一切感覺很美好，」戴普承認，「多年來，我對一些事情，幾乎非常困惑：人生，長大，不知何謂對與錯。現在我了解了，因爲凡妮莎，還有我的孩子們教導我了解，人生最重要的，就是要如何成爲好父母。我不能說黑暗面完全消失，它還是在，但我從沒像現在一

樣，這麼靠近光明。」

　　戴普再次認真的要再當一個父親，確定將2002年的時間空出來。「我已經休息很久了，」他說，「從去年6月拍攝《英雄不回頭》以來，我沒有接演新片。在那之前是唐吉訶德。更早之前是《開膛手》。我失業好久了，真好！」

　　不管他遠離螢幕的日子有多少天，當強尼再次考慮要回到工作崗位時，絕對不會缺少機會及提案。他和安迪嘉西亞（Andy Garcia）同時競爭西蒙玻利華（Simon Bolivar）的角色，敘述18世紀，領袖玻利華讓委內瑞拉和厄瓜多脫離西班牙統治的傳記電影，而戴普在《英雄不回頭》的搭檔莎瑪海雅克，可能會演出玻利華太太的一角。這部3千萬預算，敘述玻利華一生的電影，叫作《The Vision》。製片人艾德格（Edgar Meinhardt-Iturbe）花了10年的光陰試著要把玻利華拍成電影，還想請戴普演出此劇。電影消息人士告訴英國《安娜諾娃》（Ananova）網站：「這可能是一部敘述南美洲的最重要電影，所以在拍攝時可能會瀰漫緊張氣氛。還有，演出的人也要在政治上有所認同。」

　　而戴普再度執導也是有可能的，即使《The Brave》讓他有一段困苦的時刻，他還是傾向對自己的企劃能有所掌控（通常是透過表演），這也讓他深思是否能再回到螢幕後。有一個企劃特別引起他的興趣，「我正在籌劃一部叫《It Only Rains at Night》的電影，劇本出自尼爾吉門納斯（Neil Jimenez），」戴普承認。當他在1999年宣傳《斷頭谷》時就提到這個企劃，他目前仍把它放在心中。但在1992年《電影線上》（Moivelien）雜誌曾把《It Only Rains at Night》列名為10大未拍成電影的著作。

　　「這是屬於那種中型製作公司會喜歡，而他們的老闆則會認為太怪異的電影企劃，」製作人米吉桑弗（Midge Sanford）承認，他是尖銳議題的擁護者，「怪得很精彩，強尼演出而尼爾執導，相信有一天，這特別的電影會出現。」那一天即將到來……

　　由於泰瑞吉蘭的失敗案子，讓強尼和帕拉迪絲想要在下一部電影中連袂演出的構想變得很清楚，那就是：不可能。之後他又接到另一個可能的提案，是葛芬唐納執導的黑幫電影《Nailed Right in》。據說，為期幾週的拍攝工作，將給戴普200萬美金作為酬勞，但原定2001年9月在紐約開拍的計畫，因911恐怖攻擊而再次延滯。

佛萊迪海默爾演出彼得，他是《尋找新樂園》主要的角色，和戴普在螢幕前後均發展出深厚的關係。

　　接受詹姆斯馬修巴利（J. M. Barrie）《尋找新樂園》（Finding Neverland）的角色，是強尼事業新方向的風向球，而這個決定，也帶給了他下一部更賣座的電影：《神鬼奇航》。考慮著現在2歲的莉莉蘿絲和新生兒，戴普決定要演出些孩子長大時可看的電影。在2002的3月，在傑克出生前，戴普簽了《擁抱豔陽天》（Monster's Ball）導演馬克佛斯特（Marc Forster）執導的電影。這部電影改編自亞倫克尼（Allan Knee）的舞台劇《那位曾叫彼得潘的男人》（The Man Who Was Peter Pan），敘述巴利與他4個年輕朋友的相處過程——戴維斯兄弟（Llewelyn Davies），這給了他靈感來創作彼得潘。2002年戴普抵達倫敦準備開拍，同時也簽了《神鬼奇航》。他的新「家庭成員」電影策略終於確定了。

快意馳騁

導演馬克佛斯特在拍完《擁抱豔陽天》之後一直在尋找神奇的東西，當奧斯卡提名製作人理察葛萊斯頓（Richard Gladstein）帶了大衛麥基（David Magee）的劇本前來，馬上吸引了佛斯特的注意。他重新編寫了彼得潘的故事，但還保有原來的幻想故事架構。

巴利在現實生活中與戴維斯兄弟們的友誼，成為他後來的創作靈感，《尋找新樂園》探討了相同的主題：幻想的力量，孩童們天真的思想魅力，還有世俗生活下所持的某種理想精神。

「我看得出這部電影的訴求，一股富創造力的力量，它帶領人們到另一世界，它有著人們深深的幻想和夢想，即使是悲劇，也可以啟發我們，」佛斯特解釋說，「對我來說是幻想轉變為力量——就是可以把自己變得更偉大，即使沒有人會相信自己。」

麥基的電影劇本採用了亞倫克尼的舞台劇本，但「不是詹姆斯巴利原來的彼得潘。我想要敘述的是一個長大的故事，還有對周遭事物負責的人。我希望人們看到影片，便會尊敬起巴利這個天才創造者。另外就是身為人，即使是長大了，仍要保有我們孩童時期的天真與無邪。」

對麥基來說，他所寫的劇本在演進過程中，變得跟個人比較有關。「當我開始著手這個題材時，我第一個小孩即將出生，而我的父親和癌症長期抗戰後也撒手人寰，所以我認真思考成長的意義，然後了解時間緊追著我們，」他詳細說明，「對我而言，這個男人的人生開始要面對這些問題。」

這個主題也引起居家男人，戴普的共鳴。對馬克佛斯特而言，詹姆斯馬修巴利的人選從來沒有考慮過其他人，除了彼得潘的作者是蘇格蘭人外。「由強尼來扮演不願長大的人，是最完美的人選，你可以看出他深受童年影響而來選擇電影角色。他給這個角色帶來特別的感覺——用含蓄的方式表演，而我們相信巴利也是這樣希望。」

對戴普而言，《尋找新樂園》是最近一系列不符合慣例的選擇，而這和他的小孩有關。「電影情節稍微不跟著預期來發展，」他提到這部不符合自己慣例的電影。巴利尋求與戴維斯夫人之間的純潔愛情，「它沒有變成多愁善感的愛情故事，或是就這樣讓兩人在一起之類。相反的，這是一部相當複雜，但無法用語言形容、感人的雙人互動關係。」

大部分的時候，彼得潘這個簡單、魔法味十足的角色吸引了戴普。「真是一部

天才之作，」他指出，「真是部相當出色的小說，而且呈現出的結果是出色、鼓舞人心的。這是世上完美，同時與我同在的小說。來探索這個有力量的故事是從何而來，是個美好的機會。」

2002年6月至7月，電影在倫敦開拍，人們熱情地觀看戴普拍攝，而劇組也回到1904年彼得潘首演的約克公爵劇院（Duke of York theatre）。在倫敦市區海德公園（Hyde Park）取景當天，吸引了非常多的路人圍觀。這部適合家庭觀賞的影片，在拍攝時變成了家庭聚會，戴普帶著凡妮莎、莉莉蘿絲，還有傑克，而凱凱特溫絲蕾（Kate Winslet）則帶著她的兩歲女兒米亞（Mia）。

凱特溫絲蕾和戴普，6月在倫敦的一個晚餐中第一次見面，打開話題。「事實上，他們相愛，同時還建立某種形式的關係，」她談到自己年輕寡婦的角色，是和巴利一起成長的人。「電影就是敘述她與他的關係，還有他與她4個男孩的重要關係。就是透過他和男孩們之間的關係，以及所分享的時間，讓巴利能構想出彼得潘的故事。」

「真是精采的表演，」她讚美著戴普與想像中不同的巴利角色，「因為你馬上會從那個年代抽離，同時又更急切的把自己放進電影裡。」

溫絲蕾15歲於戲劇院中，曾演出過彼得潘裡溫蒂（Wendy）的角色，所以對《尋找新樂園》題材的靈感並不陌生。她從搭檔強尼那而獲得更多的想法，「強尼在戲中真的變成小孩的模樣，所以基本上，我是和5個小孩一起工作的。他巧妙的讓我和小孩們常常發笑，而這就是我們必須為影片帶來的精神。」

溫絲蕾也迷上自己的角色。「戴維斯夫人是一個有趣的人物。在那個年代，孩子正要開始轉變時，她是一位跟得上潮流的母親。大部分的人都認為小孩不應加入大人的生活。她做的和別人不一樣，讓小孩們以不一樣的方式成長。她非常投入小孩的教養問題，還鼓勵他們成為有自由、靈魂的人。我喜愛她不守成規的表現。」

「戴維斯夫人剛成為寡婦，」溫絲蕾繼續說，「內心深處埋藏著憂傷及憤怒，我認為這就是這樣，讓巴利對她這麼好奇。他就是那種任何事都看得比生活重要的人，這和她在社交生活遇見的過多男人都不同，於是像磁鐵一樣，她被吸引過去了，不是因為巴利引誘她，而是讓她進入他那迷人的世界裡。我相信這一天結束的時候，是一部愛情故事，是巴利和她家人的愛情故事。」

讓戴普擔心的一件事就是：他要有柔和的英格蘭腔。從來不願被口音給嚇跑的戴普，要試著要自己精通英格蘭口音（《濃情巧克力》的愛爾蘭人；《縱情四海》

的中歐人；《在夜幕降臨前》的古巴人；《開膛手》的倫敦腔），直到要開拍的兩個禮拜前，他請了輔導老師。「這真是最難的一次，」在拍攝期間，他告訴《觀察家雜誌》，「我以為差不多可以了。」製片理察葛萊斯頓認為戴普學習說話的腔調可以幫助他了解這個角色的內心，「強尼的演出，帶出了巴利天生的神秘感，點燃了觀眾對巴利內心的好奇心。」

《尋找新樂園》的另一位演員是達斯汀霍夫曼（Dustin Hoffman），他曾在1991年史提芬史匹柏（Steven Spielberg）執導的《虎克船長》（Hook）中演出。霍夫曼被佛斯特和戴普兩人的合作給吸引，所以來演出此片。「自從看過《擁抱豔陽天》後，我就一直想和馬克佛斯特合作，」他說到，「同樣的我也聽說強尼戴普要演出詹姆斯巴利的角色，他是我看過最了不起的年輕演員。他有那種我欣賞的特質──試著要讓自己看起來不像是明星；試著選擇看起來困惑，而不是英俊的角色。」

影片的成功要素就是那四個中心人物（小孩），他們帶給巴利靈感──特別是彼德（Peter Llewelyn Davies）。製片一開始就知道這個角色關係著影片的成敗，在眾多試鏡中，他們縮小範圍到幾十個特別的年輕演員，然後，用團體讀稿的方式來取代個別讀稿，以尋找當中激發的化學作用，其中包含了親兄弟姊妹間的競爭。「讓男孩們像真的家庭成員一樣待在一起，是很重要的，因為我要他們自然地演出，」佛斯特回憶說，「這些被選出的男孩都很特別，也很有天賦。他們每個人出現在影片中都有一點深度和敏感度，同樣的也有點幽默感──這讓影片拍起來容易多。」

至於戴普的部分，就是要靠那些老笑話來打開僵局，然後把隱藏在小演員們內心中淘氣感引發出來。「你期望這些小孩在電影的表演中可以飛天盾地，但他們非常專心在拍攝。事實上，有時我們要有程度的放鬆限制。」戴普說道，「其中以晚餐派對的場景為例，導演馬克和我在某個時間裡安排了放屁機，我們把機器藏在桌子下等到他們靠過來，接著開始抓弄他們，這真是個好玩有效的遊戲。」

佛萊迪海默爾（Freddie Highmore）演出彼得，他是戴普要在螢幕前後發展出深厚關係的小孩。除了年紀小之外，海默爾深深抓住這個角色的精髓，「彼得常常想起爸爸，而他不認為巴利應該取代爸爸的位置，」海默爾注意到自己的角色，「但巴利知道他所不知道的事──就是他會寫作，彼得不像真的彼得潘，因為他已經長大了。事實上，我認為巴利（這個小孩），從沒有長大過，因為他總是說服男孩們玩海盜和牛仔等遊戲。不管他說了什麼，巴利才是真的比的彼得潘。」

　　《尋找新樂園》在英國的拍攝充斥著快樂，電影於2002年8月完工，讓戴普全家可以再次回到法國的家中。「再次到倫敦工作令人感到非常愉快。住在巴黎或倫敦可以讓我工作，同時遠離好萊塢那些糟透的事情。拍攝期間讓我和家庭的生活變得簡單，甚至還興奮地期待可以再來這裡進行拍攝工作。或許8月，我們可以繼續待在那裡，因為那個時候巴黎空蕩蕩。」

　　電影公司安排了幾個上映的時程，最後訂在2004年10月31日於英國公開上映——是拍攝完的兩年後——隨後在11月14日，才於美國低調上映，而且只限在8個電影院中放映，以致於票房只達到24萬美金，後來幾天才擴大至57個電影院。 直到11月底，《尋找新樂園》才在全美廣泛的放映，此時北美的票房達到470萬美金。到了2005年4月，美國票房超過5千150萬美金，而英國則有330萬美金。

　　以詹姆斯馬修巴利真實生活改編為影片的題材，成為被攻擊批判的目標，除此之外其他的評論都非常好。就劇情而言，《紐約時報》的馬諾拉達琪絲（Manohla Dargis）寫道，「比較像是迪士尼的作品，而不是巴利的。」《紐約日報》（The New York Daily News）的傑米伯爾納（Jami Bernard）也特別寫道，「這部電影就是決定了要寫『笑』與『淚』——無疑地超越了——這讓巴利的生活充斥了飛天小孩和鐵鉤手海盜。」

　　《達拉斯晨間新聞》的菲利浦旺屈（Philip Wuntch）則給了更熱情的評論：「除了賦予機會讓電影變得溫柔而不冷漠，也使它感人而不傷感，和諧而不會令人覺得黏膩。」大部分的影評都提到戴普的演出是可得到奧斯卡獎的。《芝加哥論壇報》（The Chicago Tribune）的麥可溫明頓（Michael Wilmington）建議，其中一些演員「可以演得像小孩（如同巴利）一樣充滿活力又很可愛……讓人完全放鬆，如神遊似地帶人們進入要訴說的感情故事叢林裡。」一直以來相當可信賴的《芝加哥太陽時報》的羅傑艾柏，寫到戴普最近的演出：「真是一系列的驚奇……詮釋大相徑庭的角色，對這個演員來說簡直是司空見慣，但戴普不會把它們演得很像。這些皆在他的掌控之下。」

　　這部影片贏得奧斯卡7項提名：最佳藝術指導、最佳服裝設計、最佳剪輯、最佳改編劇本、最佳音樂和最佳影片，還有強尼戴普的最佳男主角——這是他第二次受提名。除了電影公司的強力遊說，這部影片最後只得到一項奧斯卡獎，那就是最佳音樂獎。所以2005年，戴普又再一次於奧斯卡典禮上空手而歸。

　　2002年，戴普做了一個讓影迷震驚的事，那就是接了商業鉅片《神鬼奇航：鬼

《尋找新樂園》戴普的搭檔凱特宣稱，「強尼在電影中就像個小孩，而我就好像和5個小孩一起工作。我和小孩子們常常因為他大笑。」

盜船魔咒》傑克史派羅船長的角色。這個角色為他帶來相當多的讚賞，以及更多的新觀眾，然而最初，他接演這個角色只有兩個原因：莉莉蘿絲及傑克。

「我四歲的小女兒看到我在《愛德華剪刀手》及《帥哥嬌娃》中的樣子，然後又看到《神鬼奇航》的預告片，」戴普說，「她非常喜歡，一直要我倒帶，讓她可以看到我裝扮成海盜的樣子（笑了出來）。真的很好玩，但我們沒有告訴她爸爸和媽媽是個演員。她相信媽媽是歌手，但認為我是海盜，她真的相信，真的無法解釋，我只是在電影中扮演海盜的角色而已。她對有金牙的海盜比演員更著迷多了，我不想讓她失望。」

戴普渴望演出女兒可以看的電影（還有傑克再大一點可以看的電影），而這帶

給他演藝事業以來最賣座的影片，以及完全成功的票房紀錄。「強尼告訴我，完全賣座的票房讓人心情愉快。」泰瑞吉蘭說道，他到現在還寄望《神鬼奇航》的成功可以幫助自己再次開拍唐吉訶德。

「成為海盜，然後拿走任何想得到的東西，不是每個男孩的夢想嗎？」戴普誇張的說道，「誰不想要演海盜？當這個角色提案給我的時候，我以為是開玩笑！為什麼迪士尼（這部電影是根據迪士尼主題樂園的一項遊樂設施而改編）要我演呢？我比任何人還要震驚。諷刺的是，在拍攝的時候，我從不認為我們是在拍攝商業、巨額預算的電影。事實上，直到看到預告片我才驚呼：『喔！天啊……那是什麼？』，能有一部非常的成功電影是一件好事……特別是拍攝你喜歡的影片。我通常不太有機會有這類的電影提案。」

第二個引人入勝之處是劇本，這是戴普通常評斷電影提案的方法，而不單單只是因為海盜的角色而已。攝影機後面的明星們，兩位編劇和製片人傑瑞布魯克海默（Jerry Bruckheimer），以及導演高爾維賓斯基（Gore Verbinski）一樣重要。「還有人們很少提到的，我喜愛的《史瑞克》（Shrek）編劇：泰德艾略特（Ted Elliot）和泰瑞羅西歐（Terry Rossio），因為他們的加入我馬上喜歡這部片。我也喜歡海盜船這個構想──已經有一段時間沒有這樣的題材了。有了傑瑞和高爾的專業，我認為影片有非常強的口碑保證。而當我讀到泰德及泰瑞的劇本時，真是愉快又驚訝，他們超乎我的想像，故事加入了大量的幽默元素，精心設計演員的角色，讓人物形象更豐滿。」

對迪士尼及傑瑞布魯克海默來說，選擇戴普是一大風險。畢竟，《神鬼奇航》最初的設計就是成為商業影片，而強尼戴普已走出一條確定不是「商業片男孩」路線的人。

「要讓觀眾喜歡的電影就是角色本身的本質，」布魯克海默說到他的手法。「你會發現觀眾喜歡不期待看到的演員，出現在迪士尼的電影中。所以我請強尼戴普演出。強尼是一位藝術家，他都接演些特殊的拍片企畫。他是一個聰明的演員，不是個以增加自己影迷人數來拍戲的人，也不是因為酬勞來選擇作品。很明顯的，他想要的角色，是可以提供一個藝術空間給他發揮的。我認為他也想為自己的小孩做些特別的事。」

戴普似乎要在年屆40時，才會自在地接演高知名度的角色，除了要為他的小孩拍這樣的片子外，諷刺的是，這個角色不是戴普要小孩來模仿的。「基本上來說，

強尼戴普因商業鉅片《神鬼奇航》而達到個人演藝生涯的高峰。

傑克史派羅是一個騙子，也是一個大懶人，」維賓斯基說，「他是了不起的海盜，除非必要，否則他是不會引起衝突的，也喜歡走捷徑。我認為對史派羅而言，最重要的是神秘，他是自己最好的經紀人，隨時可以把自己包裝得很好。」

對強尼來說，隨角色而來的是試戲服、化妝，以及頭飾，這些通常要在拍攝前幾個星期完成。「第一天我便化好妝、穿好整套戲服，這是我第一次看到這個角色的全貌，我相當高興，因為活像是傑克船長，」他回憶著說，「高爾走近來看一下說：『沒錯，就是這樣！』，他馬上了解，知道我所要詮釋的角色是什麼。他了解其中的幽默。我們一開始的互動關係就很棒。」

戴普讓牙醫做了4顆假牙。一顆是14K金、一顆是18K金，另外一顆是22K金，最一顆是白金的。「這只是數字而已，他是一個海盜嘛。如你所期待的，我想要更

戴普在《這個男人有點色》中已演出過劍術的場景，所以在《神鬼奇航》就變得較簡單。

多的金牙，但傑瑞並不太熱衷這一點。」他承認。如同之前在《縱情四海》一樣，戴普通常會在電殺青後，仍很長的一段時間鑲著金牙。事實上是，他很怕看牙醫。

　　戴普的搞怪角色傑克史派羅，是中和了基斯李察（Keith Richards）、華納卡通明星臭鼬（Pepe Le Pew），以及拉斯特法里教派（Rastafarian）人物而來。還有，他同樣發展出走路左右搖擺的樣子，即使在陸地上也一樣。「我為每個角色作準備，幾乎幻想成了被害人，」他承認。「我有了一堆想法。最早，我認為也許是加勒比海的酷熱天氣，影響了傑克船長的腦子，所以我就花了很長一段時間待在蒸氣室中。而他長期在船上生活，所以那適應海中生活的雙腳，在陸地上一定不大自在一

「他，有夠邪惡的。」綺拉奈特莉談到這個比她有經驗的搭檔。

一所以走起路來像是要掉到邊邊去。後還我又想到18世紀的海盜……誰會像是活在現代的海盜一樣？後來我想到了……搖滾樂明星！我自問，誰『是最偉大的搖滾樂明星？』，就是滾石樂團的基斯李察。我以他，加上總是可以在大雨中亂跑的卡通明星臭鼬，來塑造角色。至於傑克頭髮上綁著的一些廉價首飾，這又是另一個靈感。我喜歡這個構想，就是每一個小東西對傑克來說都記憶猶新又極端重要。」

濃密的眼影，以及搞怪做作的呈現，對導演維賓斯基和製片布魯克海默來說，都相當有說服力，但不是每個迪士尼的人都喜歡。「有一些迪士尼的執行高層贊同我所做的，」戴普回憶說，「但有一些人卻很擔心，例如：『他會把電影給毀了！

為什麼要這麼演？他的手在做什麼？這個角色是個同性戀嗎？』這一類的話持續近一個半月。我了解他們的憂慮，但我跟這個角色很對味，而且我做的是對的，不過我想說的是：『看吧！我就知道你們會擔心，但你們要請我來演這個角色之前，就應該知道我以前的戲，所以你們要了解這些作法。請相信我，如果不信，最好把我換掉！』」

由於迪士尼的關切，維賓斯基認為，對戴普修正了一些原先更狂熱的演出構想。「更早之前，戴普說：『我認為傑克的鼻子在一場打鬥中被劍削掉了，以致於沒有鼻子，所以他非常害怕打噴嚏，因為他的假鼻子會掉下來……』但我回答：『我不認為要拿這個當賣點。』」而這個玩笑最後轉到另一位海盜角色身上，他的假眼珠經常掉下來，然後常在不對的時刻弄丟它。

戴普解釋他對傑克史派羅角色的搞怪演出：「我會照劇本將角色做正確的演出，不可以演出不負責任的戲。在拍攝中有很多資金投進來，別人的事業也依賴著它，我完全了解，就像：『這是我的地盤，我管的。歡迎你進來，但是你若是來胡搞的話，就給我滾出去。』」

戴普不僅演出了讓他的家庭成員興奮的電影，同時也放任自己與迪士尼高層的混亂互動。最後，電影的成功說明了一切，但戴普仍了解挑大樑的風險。「這個角色對我來說有點不同，」當他了解是什麼樣的影片時，「藉由重新塑造自己沒見過的海盜角色來讓自己成長，這是一個很棒的機會。」

對於這部分，選擇戴普的製片人似乎知道他要做什麼。「強尼知道要自己塑造角色，」布魯克海默說，「他對傑克史派羅的角色有著獨特憧憬，我們完全放手讓他去做，接著他就想出這個獨一無二，而且有點狡猾的海盜頭頭。他不太能保持平衡，說話有點含糊，所以你會以為他是酒鬼，或是在船上暈船太久，但這都只是要演壞人而出現的效果。如同所見的愛搞怪，這就是傑克船長迷人的一面。」

在拍攝過程中，戴普第一次發現他的年輕搭檔，竟是看他那些早期作品長大的人。戴普的搭檔是綺拉奈特莉（Keira Knightley）及奧蘭多布魯（Orlando Bloom）。「強尼，我無法說出更多好的話了，」奈特莉說，她演出伊莉莎白的角色，「好像在作夢，真的很開心。我的意思是，他真的很邪惡，很酷！」《魔戒》（Lord of the Rings）的布魯同意地說：「強尼真的是一個很棒的人。所有的事情我都會尋求他的意見，能和長久以來欣賞的人一起工作真的很光榮。」

戴普同樣要和澳洲演員傑佛瑞洛許（Geoffrey Rush）一起搭檔，他演出幽靈船

戴普搞怪方法演出船長傑克史派羅。這是中和了基斯李察、華納卡通明星,以及拉斯特法里教派人物而來。

長巴伯沙。在6個月的拍攝期間,戴普和洛許只有一點點機會同時演出,但他們馬上清楚傑克史派羅和巴伯沙之間的互動,也清楚了解到這兩個角色有一段很長的過去——還有這兩個演員也互相欣賞對方。「傑佛瑞是一個很有趣的演員,也是個叛

「強尼知道如何創造角色，」《神鬼奇航》的製片布魯克海默說，「他對傑克史派羅有獨特的想法。」

逆的人，」戴普說到這個和他志趣相投的人。「我喜歡他的工作。他不墨守成規，他喜歡嘗試新的構想及新的東西，我也一樣。對傑佛瑞來說，這是一部認真的影

片，他沒有保留，真的很投入。這是我為什麼那麼喜歡和他一起工作的原因。」

這個部分，洛許則因戴普選擇的表演方式而讓他的演出更順手。「傑克可能是大家都想成為的海盜，不受約束、就是他自己、非常好笑——像強尼一樣，」洛許評論著，「看著戴普創造這個特別的角色，很棒、非常出色的表演。他是個優秀的演員。」

為了讓影片看起來很真實，所有演海盜和英國軍官的演員，都花了幾個星期與動作指導喬治馬歇爾（George Marshall Ruge）和他的劍術教師羅伯安德生（Robert Anderson），以及馬克艾文（Mark Ivie）一起做訓練。早在幾年前的《這個男人有點色》裡，戴普已經接受過劍術訓練。「我記得劍術是一種全身性的運動，」戴普回憶著說，「它是一種很美的運動，像芭蕾舞一樣，而它也是非常精準的運動。在這部電影裡，劍術讓攻擊的場景更有活力，也更加精采。真的有很多需要學習的功課及動作。有時覺得已經持續打了10分鐘了，但這都是鏡頭編排要用的，稍後對白才對得上。」

如同擊劍場景一般，戴普偷英國攔截艦（Interceptor）這一幕，也真是夠引人注意又非常複雜的。當維賓斯基決定戴普要掌舵，而讓威爾（布魯）升起風帆整裝出發時，一切麻煩了起來。不幸的是，這兩個演員都不知該怎麼做，所以維賓斯基大喊，要真正操縱華盛頓淑女艦（Lady Washington，飾演攔截艦）的船員來駕駛攔截艦，然後在拍攝兩艘船擦身而過的畫面時，蹲下或躲起來，以致於在甲板上，只看得到兩個演員。「攝影機一直在拍攝狀態中，接下來是掌舵的人不見了，只剩下我一個人手握方向舵，而我也只能緊緊抓住它，」戴普回憶說，「沒有人告訴我要如何操縱一艘船，這真像玩火。在二次拍攝時，我認為我要撞上勇者艦（Dauntless）了，但高爾卻對我說，『強尼靠近一點，把船開近一點！』，我想，『喔，該死的！我第一次用這麼危險的速度駕駛這麼大的船，還要靠近一點？』但我們活下來了。」

除了快節奏的拍攝快速，還有其他事情是這個主角要體驗的。「全身穿著海盜裝和超緊的靴子要游泳，比我想像的還要難，」戴普指出，「這部片的特技比我其他電影的特技還要難，我曾在《斷頭谷》中被一群馬拖行！很幸運，有替身讓我在戲中看起來很帥，所以我只要來工作，然後露一下臉就好。而在海盜船裡，我不用為了錢或寶藏工作，純粹是為了冒險和玩耍。」

拍攝工作完成，但戴普的海盜航程還沒有結束，當他抵達洛杉磯為影片宣傳時

強尼及凡妮莎抵達第76屆奧斯卡典禮現場,戴普因《神鬼奇航》中傑克史派羅的角色而提名為最佳男演員。

才發現,「首映看起來像是被推進奇怪的太空船中,」他說到這場由迪士尼安排的首映會。「我還沒看過這樣的場景。電影的票房成績也讓我很震驚,熟悉的題材能讓人們這麼的喜愛,很感動。我想,我也會非常享受這趟航程。」

　　《神鬼奇航:鬼盜船魔咒》成為強尼戴普從影以來最偉大的電影。票房成績是《斷頭谷》的三倍,那是他先前最成功的商業片。美國累積票房達到3億550萬,真的是一部賣座電影,比迪士尼同樣在那年夏天上映的《海底總動員》(Finding Nemo)票房還多一些。而國外的票房則有3億4千900萬,不分語言和國界,證明了傑克史派羅是受歡迎的。

2003年7月9日上映，影評們則被戴普在《神鬼奇航：鬼盜船魔咒》的演出給迷住，他們給戴普完全的支持。《芝加哥太陽時報》的羅傑斯艾柏說，「這部電影讓我張嘴大笑，還有那愚笨風趣的計謀……喜歡戴普大膽的演出，這似乎鼓勵他要有適當的瘋狂表現。」相同的，《紐約郵報》的路魯曼尼克說：「從膨脹的影片中修剪半個小時，134分鐘的鉅資商業片，出現了真正的寶藏，而不是只有戴普討人喜歡地古怪的演出。」《紐約時報》的艾維斯米契（Elvis Mitchell）稱戴普漫畫般的演出，「……是喧鬧、虛張聲勢的解毒劑」。《多倫多明星報》的奇歐弗貝佛瑞寫到：「戴普倔強、完全反向的演出，讓影片成了不會沉的寶藏。」《華盛頓郵報》的安荷娜戴同意：「如果你過了10歲，戴普是唯一來看《神鬼奇航》的原因。」

《神鬼奇航》上映的前的幾個星期，2003年的6月9日，強尼戴普慶祝了自己40歲的生日，「喝了幾瓶酒——非常平靜。當你處在人生最後的30年裡，你就會準備好了。」

在法國，戴普居住的一個小地方，他是溺愛小孩的爸爸，這是他喜歡的生活方式。「小孩需要單純的成長、安靜的環境，那裡不是下一部電影。」他對ABC電視台的伊莉莎白瓦格絲（Elizabeth Vargas）說道。

現在他可以仔細想想未來的10年，以及50歲前的日子，這一些都是20幾歲，砸毀飯店時的自己，所無法獲得的。「你知道嗎？在有些時候，可以關掉雷達是不錯的事，或只是寫本書或畫一幅畫，」他說道，同時建議演戲可能只會回歸成為他的背景而已。「我完全不能確定在未來的10年或15年，還在演戲。或許我比較喜歡待在家裡當一個普通的爸爸，一起和我的女兒一起畫畫。我會盡一切的力量讓我的家庭生活美滿。如果這一切消失的話，我會回到工作裡，甚至潑汽油，我會這麼做。這很好。」

然而，還是有比撞進加油站更好的事情發生，就是所有的獎項都提名了戴普扮演的生氣勃勃的傑克史派羅船長。2004年，戴普贏得演員工會（Screen Actor's Guild）最佳電影男演員獎項，隨後令他震驚的是演藝學院（Academy Award）提名最佳男演員；英國電影電視藝術學院（BAFTA）提名最佳男演員；金球獎（Golded Globes）提名音樂／喜劇類最佳男演員；金衛星獎（Golden Satellite）提名音樂／喜劇類最佳男演員，還有線上影評人協會（Online Film Critics Society）提名最佳男演員。

戴普發現自己是《時人雜誌》2003年票選中，榮獲最性感男人的首位。《時人

雜誌》的茱莉喬登說：「強尼戴普是一個完美的人。多年來他常常選擇晦暗的角色。《神鬼奇航》讓他回歸到主流商業片的機會中，他比以往都要性感。」

所有獎項中，最重要的是奧斯卡提名戴普為最佳男演員。強尼戴普和奧斯卡獎，這好像是不太可能的組合，至少在這個演員的心中是如此想的。「在演藝學院的眼中，我不認為他們會特別喜歡我，」他在《濃情巧克力》得到項提名期間表示（包括最佳影片），「我認為提名就是一種證明。你必須拿出最哀傷的Hallmark明信片，一定要大聲的哭出來，做一些老掉牙的事，因為你被提名了！我無意貶低任何人。大家做了很棒的工作，得到提名、得到人們對作品的認同是一件很棒的事，但整個獎項的安排都很奇怪。當我拍《驚天爆》時，比起以前的作品，我認為艾爾帕西諾演得真棒，我被他打敗了，真是精湛的演出，還他的全部。但他卻沒有得到奧斯卡提名。」

此外，2004年2月強尼戴普因傑克史派羅被提名為最佳演員。戴普出席過奧斯卡頒獎典禮，但不是愉快的經驗。「多年來他們要我出席，但我對這個提議感覺不是很自在。我不太會在公開場合長篇大論，一定會出糗的。但我知道我要用某種方式介紹尼爾楊（Neil Young）。」然而，戴普沒有準備，大家可以想像奧斯卡有多怪。「真的，就有名人會向我打招呼，『嗨！強尼，你好嗎？最近如何？』我從沒見過他們，真的有鬼。然後他們要我唸音樂對電影有多重要，什麼有完沒完的演講，我認為，他們才不要聽我說什麼屁話，他們在等尼爾楊來唱歌。所以，我只說了兩句話，『歡迎，尼爾楊。』然後我馬上離開。這個經驗真是很可怕。」

幾年過後他又回來了，在奧斯卡可能的得獎的隊伍中。戴普打敗過朋友及對手西恩潘，得到金球獎最佳男演員，而其他提名人則有：彼得汀克萊傑（《下一站，幸福》 The Station Agent）、班金斯利（《晨霧家園》，The house of Sand and Fog）、裘德洛（《冷山》，Mountain）及比爾墨瑞的（《愛情不用翻譯》，Lost in Translation）。 這一次則是西恩潘拿走小金人，但戴普也相當高興，能提名就代表被認同，這表示他也有可能得到小金人。

當所有的緊張不安都過去了，戴普便讚揚起讓他演出傑克史派羅真正的原因：他的小孩——他們是第一個讓他考慮接演此片的原因。「如果沒有小孩的話，我永遠不能得到這個角色，」戴普說到4歲的莉莉蘿絲，以及快要2歲的傑克。「這4年來我和女兒看過迪士尼的每一部動畫，10次、20次、50次，身為演員我想到，『這些角色有自主權嗎？』因為他們是動畫，我們就不會質疑。所以，接拍《神鬼奇航》

時，我認為『為什麼不要？』，目標是創造一個5歲小孩也會看膩的角色，一個真正聰明的人。而它，保留在卡通的世界，實現的部份就交給電影。」該片的評價顯而易見，而觀眾們做的則是刺激票房，至於戴普在目的上，應是值得讚揚的。

第九章　未完成 Unfinished Business

強尼戴普的低調電影《祕窗》，開始於史蒂芬金（Stephen King）的中篇小說《祕窗，祕密花園》——這是他4部令人毛骨悚然的作品，《午夜禁語系列》（Four Past Midnight）的其中一篇。寫過《蜘蛛人》（Spider-Man）和《顫慄空間》（Panic Room）的編劇兼導演大衛柯普（David Koepp）先前已經導過超自然恐怖片《靈異駭客》（Stir of Echoes）了，接著他看中了史蒂芬金作品中的見鬼重要因素。「我喜歡看人在房裡瘋掉的電影，」柯普承認說，「我喜歡在幽閉空間中發生的挑戰，即使也有戶外的場景。故事是關於莫特雷尼（Mort Rainey）的生活空間，敘述他人生中最糟的時刻，那時他花太多時間獨自在家。我想要探討幽閉症及妄想症的議題。幽閉症可能真的很可怕，它會讓壞事在你的生活空間中發生，這真的會使人不安。」

　　要用特別的提案才能哄誘戴普離開法國的田園家中。「我記得是讀劇本的時候，」他第一次與《祕窗》接觸，「我讀了10到15頁，然後進到故事中，接著想，『哇，寫得真好。這些對話很真實，沒有強迫，裡頭有一連串有趣想法。』這是真實的情境。我接下去讀，完全投入到莫特的情緒中，以及他的兩難。最後，我讀到精心的密謀處，非常震驚。我真的沒看出來，這會讓讀者和觀眾非常買滿足、滿意的。」

　　柯普很開心戴普答應演出莫特雷尼的角色，一位成功的作者經歷離婚和寫作的瓶頸，還要面對聲稱偷他作品的約翰。這是每位作家的夢魘，史蒂芬金之前也經歷過幾次，而《戰慄遊戲》（Misery）也特別探討過。柯普寫電影劇本時，把戴普放在心中，但沒有保證這個演員對這角色感興趣。「在寫第一份手稿時，強尼突然出現在我的腦海中，離不開，」柯普說，「我越想到他就覺得越有意義。」

　　為要引誘戴普演出此角，柯普寫給戴普一封信，甚至到《神鬼奇航》的拍攝地點親自說服演員。「我寫說，希望他演出《祕窗》，而他是我是我創造角色時想到的第一人。他是偉大的演員之一，相當有創造力，每次的演出都不同。」

　　柯普願意到這麼遠的地方來看戴普，讓他印象深刻。「一絲不苟地，他吸引我們發現到事實的最微不足道之處，而人們也認同他的身分和行為，」談到戴普，柯普說道，「因此，大家最後認同了他的角色。他的選擇是自發的，不墨守成規，所以也總是成功。他也是一位大膽的演員。我寫的這個角色，很難找到像強尼一樣不

189

害怕地來演出恐懼。當然更不需要說了，當他答應接受這個角色，我真的是嚇了一跳。」

戴普準備演出這個深受折磨的作家，同時試圖研究杭特湯普生和詹姆斯馬修巴利。和杭特湯普生住在一起時，讓他對寫作創作的過程有些了解。「我認為每一個創作的藝術家，特別是作家，想像力是他最好的朋友，」戴普說，「當然，也有可能是最糟的敵人，如果有太多煩人想法，或腦袋裝了太多資訊的話。這是莫特的問題，他是一個隱士。他在人群中非常不自在，只想單獨一人。不幸地，他無法一個人獨處。」戴普確定杭特斯湯普生的作品曾出現在莫特雷尼的書架上。

「能接到自己尊敬的演員打來的電話，感覺非常棒，」戴普說，說到獨自一人演出《祕窗》的挑戰。「你要自己一個人在那裡，真的很有挑戰性。你不是在反應，而是在演戲。反之，你就是要『演』。記得有一幕是抓著桌布兩分鐘，這讓我覺得很有趣。」

拍《神鬼奇航》時，戴普的靈感是搖滾樂明星，至於莫特雷尼，「我想到一個有名的故事，也許很神秘，那就是海灘男孩合唱團（Beach Boys）主唱布萊恩威爾森（Brian Wilson），他在隱居的那段期間無法離開房子。這類程度的隱居題材是我所要找的。」

演出令人極端討厭的約翰是由約翰特托羅（John Turturro）飾演，他之前也在《縱情四海》中和戴普有過對手戲。對特托羅來說，他的13歲兒子是史提芬金的超級書迷，他說服父親要演出此片，所以和戴普再次合作也是另一項利多。「強尼很好相處而且很真，」他說到這個電影明星。「他的演出風格真的很自在。大衛柯普給我們很大的發揮空間，任何你丟給強尼的問題，他都能很快的接起來，然後擲回來。他很有直覺，也很有創造力。身為表演者，能和同劇演員共同分享自在的演出領域，這是個優點。還有，我們確定強尼有非常強的幽默感。我們分享了共同的興趣，而與導演的合作也相當有感覺。我非常喜歡強尼的表演，能和他再次工作真的很高興。」

與莫特感情失和的太太艾瑪，是由《急診室春天》（ER）中的瑪莉亞貝蘿（Maria Bello）飾演。她也非常高興能和長久以來欣賞的明星演對手戲。「強尼選擇演出這部片，我很喜歡。他賦予莫特這個角色，迷人且帶有靈感的水準演出。」

現在的強尼，在每一部所演出的電影中都會提供角色建議，有時它是不錯的建議，有時則否。然而，柯普還是很感謝，雖然不是都很有用。「他帶著不錯的構想

到片場來，」柯普說到強尼，「但它們可能不是你所期望的。一開始，你會以爲他在開玩笑，然後你會回答：『讓我想一想』，這樣或許可讓角色更容易得到讚賞。」在《祕窗》，戴普建議莫特要在整部電影中帶著牙套，柯普認爲這有點不適當，但在影片後半部，他還是採用了這個構想，當莫特從行動中逃走時。

「這個是我最喜歡的，」柯普說道，「劇本中有14頁講電話的場景，真的很無聊，你必須想新的點子來拍它。這幕和查爾斯道頓（Charles Dutton）飾演的警探講電話的場景，我苦思不出新的點子，這時候戴普說，『我的角色剛從紐約開車過來。他已在車上待了好一段時間，一定會內急。』」在最後一幕中，戴普抓起電話筒，到洗手間小解，鏡頭來回帶到他衣衫不整的在和道頓通電話。

拍攝電影中，柯普決定要讓演員的演出儘量「趨近真實」，即使是貝蘿和道頓在偏遠的汽車旅館房間中，而戴普無預警衝進來時的背景音樂也包含在內。電影以連續鏡頭開始拍攝，貝蘿回憶說：「我們不確定戴普何時要衝進門。此時，門忽然打開了，而音樂也大聲地飄進來，我們都被嚇了一跳。真的很真實，我們只能直覺反應。大衛給我們很大的表演空間，他真的讓我們自我發揮。他和戴普真的讓拍攝的氣氛變得相當美好。」

戴普拍攝過一些混亂無比、毫無組織的電影，已致於整個電影失敗。大衛柯普是一個細心準備和規劃的導演，他安排了一個工作人員填寫進度記事板，詳細地記錄了場景的拍攝程序，方便大家可以清楚明瞭地知道什麼已經拍過了。柯普和他的攝影指導弗瑞德墨菲（Fred Murphy）也看了一些經典驚悚之作，如羅曼波蘭斯基的《失嬰記》及《怪房客》（The Tenant），還有約翰包曼（John Boorman）的《峰迴路轉》（Deliverance，或譯激流四勇士）。墨菲從最近的電影中找尋靈感，於是他採用寬螢幕Super-35規格拍攝《祕窗》。對幽閉空間，充滿內心戲的電影來說，這是不錯的選擇。「很多電影都有內心戲，但弗瑞德用多重的倒影提升了它。」柯普說，「這是一部反映現實的電影，佛瑞德說他從沒拍過有許多反映現實的戲，特別有一幕是莫特出現在壁爐前，有面鏡子讓場景看起來加大了許多，這讓拍攝多了些趣味。」另一個方法則是，讓莫特回憶起與艾瑪之前如陽光般明亮、愉悅的色彩生活，對比分手過後了無生趣的色調。

服裝設計奧黛特嘉道瑞（Odette Gadoury）發現戴普願意和她配合，讓莫特雷尼角色更加神秘。「我們讓莫特服裝的顏色趨近中間色調，它在某些狀況下感覺非常強烈，但若在陽光下色調就會黯淡。我們選了紅葡萄色、棕色和藍色，這些像是

時代久遠，而讓它看起來有種煙霧彌漫感覺的顏色。對我來說，莫特是一個失掉靈魂的人。他是一個活在模糊地帶的人，我們想要他的服裝都反應出這個現象。他所穿的每一件衣服看起來鬆垮垮、皺巴巴，還洗到褪色——不太明亮，或是很黯淡的顏色。對比的是，倒敘場景的他的衣著，顏色則較鮮明。整體的呈現是要詮釋出更受傷感覺。」她與戴普溝通過後莫特角色的特徵是：衣衫襤褸，穿著有條紋式的浴衣，「這是強尼的構想。我、強尼和大衛有很久的溝通。我們第一次試穿是在紐約，其中一件還是從戲服店帶來的，強尼非常喜歡。」

《祕窗》的拍攝期從2003年7月到11月。演員及劇組工作人員的室內、外景拍攝和後製工作，均在魁北克（Quebec）相當寧靜、有鄉村風格的度假勝地裡進行。而附近眾多的碧綠湖泊，也拍進了史蒂芬金小說改編的電影裡。

戴普演出莫特和人格分裂的莫特，這說明了拍攝必須分開，特別是那個「相反的他」，對戴普來說也是第一次嘗試。整部戲籠罩在一片綠色的色調中，它用來強調莫特的內心世界，也包圍著戴普，讓他反抗起「自己」。之後，再換另一台攝影機，拍攝另一個神祕的莫特。「首先，你會看到他和狗說話，」柯普解釋，「然後看見他在沉思，最後跟自己對話。我認為，當你看到他在車內自問自答時，就能感覺到有點不對勁。」

柯普以「馬格利特拍攝法（Magritte Shot）」來描繪莫特的人格分裂症狀，這是從超現實主義的畫作中得到的靈感。在這類作品裡，觀者看見一個人望著鏡中的自己——反射影像，但觀者所看到的是那個人的後腦杓。拍攝戴普這個站在鏡子前的鏡頭，需要兩台攝影機來做複雜、精細的時間配合——還要把鏡子換成綠色鏡。一部攝影機拍戴普，另一部拍反射的鏡頭。後面的鏡頭要拍大一點、快一點，以便補償移動與遠近的問題。

《祕窗》回想的手法很像《美麗境界》（A Beautiful Mind）和《鬥陣俱樂部》（Fight Club），特別是用氣候來呈現約翰的本性和莫特的反派角色片斷。把主角取名為「莫特」（法文是死亡的意思）就露出馬腳了。意思是想要他吃玉米片及喝露水來節食，同時拿提姆波頓的鳥巢頭來冒險，戴普的莫特雷尼角色真是個可憐的人，似乎回應了他在《剪刀手愛德華》及《帥哥嬌娃》中沒有沒頭腦的演出。《祕窗》的曲折結局，對常看電影的人來說是很一般的，它雖有多加了些人格分裂的片段，

《祕窗》中莫特雷尼是一個作家，他和自己心魔奮鬥。

看似迷人，但還是得完全依靠戴普的演出。

《神鬼奇航》的成功和獲奧斯卡提名之後，《祕窗》的上映日期由2004年4月23日提前到3月21日，希望能搭上戴普的新一波名氣。這個演員的新角色還是受到非常多的注意和讚賞，不管是那一類的電影。「強尼戴普是世上最近竄出頭中，最棒的演員。」《新聞日報》（Newsday）的約翰安德生（John Anderson）評論道。《芝加哥太陽報》的羅傑艾柏特寫道：「冥思、怪誕的角色，他用了其他的方法直接詮釋出來……」《紐約郵報》的梅根萊曼（Megan Lehmann）稱他的演出「機智又有創造性」，而影片則「非常依賴戴普的古怪魅力，如同這個演員出現在影片中的時間。」這部影片得到兩極化的評價。《紐約時報》的艾維斯米契寫到戴普在《祕窗》的演出：「是這部未留給人們深刻印象的電影的最突出部份……這部懸疑驚悚片讓觀眾懷疑的是，它會同它宣稱的驚悚完97分鐘？」

除了兩極化的評價外，《祕窗》從上映以來便站上第二名的位置，票房更達1千820萬美金，僅次於梅爾吉勃遜上映三個星期票房達3千2百萬的《受難記》。

《祕窗》在美國上映的那一段時間，威爾斯（Welsh）地區貝爾旅社（Bear Hotel）酒吧的常客，非常驚訝地發現強尼戴普出現在他們之中，戴普馬上被認出，然後請酒吧的每個人喝一杯酒。

2004年2月，戴普在英國拍攝《風流才子》（The Libertine），和約翰馬克維奇（John Malkovich）以及《關鍵報告》（Minority Report）的莎曼珊莫頓（Samantha Morton）搭檔演出。《風流才子》根據17世紀約翰威爾姆（John Wilmot）的真人故事改編，他也是羅徹斯特（Rochester）伯爵——或稱詩人、弄臣和聲名狼藉的放蕩人。當然，他是戴普要演出的角色。採用史蒂芬傑弗瑞斯（Stephen Jeffreys）的作品，《風流才子》是首次露面的英國商業電影導演勞倫斯登摩爾（Laurence Dunmore）執導。經過幾次高調的介紹，還有高預算電影的洗禮，戴普再一次回鍋拍攝獨立製作的影片。《風流才子》的全部預算是2千萬美金，差不多是戴普拍攝好萊塢商業片《神鬼奇航》續集的個人片酬。

英國文豪薩繆爾約翰強生（Samuel Johnson）述說羅徹斯特公爵，「蔑視社會的正派高雅和秩序，完全忽視一切道德規範，以及堅決否認一切宗教上的意見。他年輕燦爛的生活是這麼沒有價值又沒有用，揮霍自己的健康在感官享受上。」他是國王查爾斯二世（King Charles II）的知己和寵臣，同時拜倒在女演員伊莉莎白貝

戴普穿著睡袍站在窗前演出莫特一角，這樣可以讓他對角色更有掌握度。

瑞的裙下，反叛不羈的縱欲生活讓他在33歲時英年早逝。演員馬克維奇曾在1996年於芝加哥的劇院（Steppenwolf Theater Co.）演出過伯爵的角色。當他的製片搭檔羅素史密斯（Russell Smith）和麗安哈爾夫（Lianne Halfon）提出改編成電影的可能性時，馬克維奇便對戴普說出羅徹斯特伯爵這個角色的計畫。根據《綜藝雜誌》報導，戴普很意願接演這個角色，但這個提案因資金問題而被閒置了8年。「這真的是鮮少發生的狀況，就是當你讀劇本時，會說『這真的很棒』，」戴普告訴《帝國雜誌》，「一開始是我自己的三句獨白。讀過之後我便知道，它是那種只要看一次的劇本。《剪刀手愛德華》也是這樣的，而《風流才子》就是一時之作：一個昂貴的期望，同時沒有不張揚伯爵那驚人的性慾。」《風流才子》如果完全照劇本演

出，就會被美國電影列為限制級電影。製片人羅素史密斯告訴《綜藝日報》（Daily Variety）：「毫無疑問，那將是一個問題。」

戴普對演出這個角色是持樂觀的態度。「演出羅徹斯特是一件容易的事，因為他是頭豬，酗酒又好色，有神經病的瘋子。但卻有千萬個喜歡他的原因，而這就是重點了。你是知道的，大部分的人們不知道他是誰，但如何認識他，就會說『他寫了一需關於女性陰部和男性陽具的東西，』或是『他寫了措辭巧妙的諷刺作品來嘲諷國王。』但是各位，它們是很深奧的，真是令人驚訝的作品。我對令一位薩德侯爵（Marquis de Sade）的作品有更多驚訝和研究，你知道嗎？這個人被關太久了，羅徹斯特就像是最早的男同性戀者。」

當然，戴普可以透過以前的個人生活，也許不是性慾問題，而是在喝酒和吸食毒品這個部分，去洞悉《風流才子》羅徹斯特這個角色。「過去那些日子裡，我認為是在麻痺自己。在毒品之後我選擇了酗酒，烈酒，真的是很烈的酒。我也知道這不是什麼好方法。一旦喝酒就會不斷地酗酒，直到不會宿醉為止，醒來之後又會繼續喝……」戴普率直地對《帝國雜誌》承認。

2004年英國國家預算無預警的取消掉製作電影可以節稅的漏洞，這使資金來源有了疑慮。到了4月，電影製作被迫重新遷到國外的英屬地曼島（Isle of Man），那裡為他們提供了25%的所得稅減免額給電影製作，這也補償了因英國政府大動作的行動而造成的損失。

「我們有10到12天的困擾期間，」馬克維奇回憶的說道，「我們試過所有可行的方法。想到就令人窒息，因為我們已經為這部片準備了7年。就像，要找來像強尼戴普這樣的人來演，要花很長的一段時間，為影片找資金也不是那麼容易，因為劇本是這麼的直言不諱，它不是一齣愚蠢的作品。」

拍攝《風流才子》時，戴普在英國驚人的酒吧之行，已不是第一次公開出現在公眾場合。先前，在泰晤士河畔的夜店進行拍攝時，有一對很奇怪的影迷試著想要接近拍攝現場。消息人士透露給英國小報：「這兩個女孩非常堅持和渴望要接近強尼，我們告訴她們他不在這裡——但她們不相信。我們曾兩次把她們驅離拍攝地點，還被迫從化妝室追趕她們。安全人員最後把她們困在俱樂部大廳，最後把她們驅離。你不能讓那些瘋女人在片場打擾像強尼戴普這樣的大明星。」

在威爾斯拍攝時，強尼還有凡妮莎住在Llangoed Hall飯店。部分工作人員和安全人員，還有搭檔馬克維奇也都住在這裡。他們全都「著了魔」，繁重的拍攝行

程，讓他們總是在忙亂的過完一天，最後回到飯店。飯店總經理表示：「他們有時回到飯店都超過10點了，我們只好把廚師留下來爲他們做飯。戴普先生和他的家人在這裡住了8天。他們真是模範房客，與所有飯店員工都和諧相處——他們也是非常棒的溝通者。」

即使在遙遠的威爾斯，戴普還是無法阻止那些堅持追星的影迷。一位37歲的太太表示，「我早上10點半就來到片場了，」這位2個孩子的媽告訴《西方郵報》（The Wester Mail），「當地人被告知戴普爲了謝謝他們的招待，會發給他們簽名照。我們待到晚上8點等到他卸下戲服出現在演員休息室，有一些女人一看到他就開始尖叫……」她也自稱是詩人，「我寫了一首詩交給了他，然後他吻了我。他說，『哈囉！』還送我一張簽名照。他看起來很紳士、很冷靜還，有就是很輕鬆。外面真的很冷，但我們都想見強尼。」

如同在《神鬼奇航》，又再次與傑克達文波特（Jack Davenport）搭檔，戴普碰到似乎最不可能一起搭檔合作的英國喜劇演員強尼維加斯（Johnny Vegas）——他曾因酒醉而舉止粗魯聞名，這也看得出爲何他適合演出《風流才子》的角色。但從蘭開夏（Lancashire）來的強尼維加斯，說他第一次遇另一個更有名，從美國肯塔基州來的強尼時，他有些失望。「我期待他能開口說一些像不要妨礙我之類的長篇大論，」維加斯搞笑地說道，「但真沮喪，他竟然這麼真實、這麼酷地就和我擦身而過……」

《風流才子》除了拍攝問題外，還有低預算的情況，可能不會吸引很多觀眾來看這部片，但製片兼搭檔的約翰馬克維奇還是很樂觀，因爲有電影公司決定要發行這部影片。「我認爲劇本真的很棒，還有我們有這些有才華的人參與。但會成功嗎？你永遠不會知道。你只會期待最好的。」

隨後的2004年，《風流才子》在加拿大多倫多影展放映，2005年11月17日則在英國公開上映。由於強尼戴普最近的作品《巧克力冒險工廠》（Charlie and the Chocolate Factory）和《地獄新娘》（Corpse Bride）名聲的幫助下，《風流才子》在僅有的203家戲院中，於上映的第一個週末，票房就達到27萬8千4百82英鎊。三個星期過後，票房超過40萬英鎊。這比戴普可賺到的酬勞還要少很多，但這對部低預算的藝術影片來說，已經相當不錯了。接下來，2005年11月25日，《風流才子》在紐約及洛杉磯限量上映（影片和演員都希望得到奧斯卡的注意）。最後，於2006年1月，美國各地才廣泛上映。

《視聽雜誌》的凱文馬赫（Kevin Maher）報導《風流才子》「是復辟時期的情節，戴普一開始就大膽地說明，『我不要你像我。』戴普有履行他的承諾，取而代之的是以搖滾樂歌手般昂首闊步，演出不同於劇院版的羅徹斯特。為這個角色演員螢幕下的生活也恰好接近角色……導演勞倫斯登摩爾有令人欽羨的風格。」但其他的英國評論家就沒這麼客氣。英國《衛報》的便評論道：「這部影片太超過了，著墨太多羅徹斯特的炫耀，同時讓戴普演出毫無幽默的戲。所有的呈現都是陳詞濫調——酒館、咯咯笑的妓女，還有滿身是汗的肉慾場景、燭光、豐滿的體態。」

美國的評論家也有兩級化的評論，這證明了不是愛《風流才子》就是討厭《風流才子》，很少有中立的看法。《滾石雜誌》的彼得崔維斯寫道：「你會羨慕這個演員可以在家庭和拍攝《神鬼奇航》，以及《巧克力冒險工廠》中，還可擠出時間演出約翰威爾姆這個頹廢、令人目眩的角色。導演一開始就不擔心這個獨一無二讓人著迷的劇本會帶來衝擊。戴普令人驚訝地粗魯，特別配得上那個時代的對白。」《鄉村之聲》評《風流才子》，「是羅徹斯特伯爵最好的生活時光……可看出戴普的積極性，還有自命不凡的結束，它只是表達他的命運是悲劇而已。」演藝聖經《綜藝雜誌》，把《風流才子》界定在，「開始很誘人，但又令人厭倦的結束。缺點就是戴普把角色限制在影迷那邊。戴普的演技過分做作，把這個角色演得如同撒旦一般，有著閃閃發光的眼神和昂首的步伐，活像是興奮過頭的搖滾歌手。」如往常，戴普操著相當得體的口音盡情揮灑演技，但這個角色卻毫無價值，使得電影冗長乏味到結束。

在《神鬼奇航》續集中繼續演出傑克史派羅船長的同時，戴普抽空演出和提姆波頓合作的第四部電影：《巧克力冒險工廠》。這部電影是由羅爾德達爾（Roald Dahl）的童書小說改編，也是布萊德彼特和珍妮佛安妮絲頓（Jennifer Aniston）所組的B計畫製片公司（Plan B）所提的第一個企劃案。這部生動的電影，曾在1971年，由金懷德（Gene Wilder）演出誇張版本的威利旺卡，而接下來將由戴普盛裝演出豔麗的版本。「你永遠無法把深植在腦海中，金懷德的旺卡印象給完全拋去，」戴普承認。「看小孩子成長是一件奇妙的事，目前我就是看著我的小孩長大。那麼，『現在我要從哪裡開始？』金懷德的演出非常完美，但現在我們要有完全不同的表現。」

約翰奧古斯特（John August）是波頓《大智若魚》（Big Fish）的編劇，也是新版《巧克力冒險工廠》的編劇。波頓在眾多合作過的演員中（包括米高基頓），選

在《巧克力冒險工廠》中，戴普飾演的威利旺卡，這是他與導演提姆波頓的第四度合作。

中戴普演出此劇，「因為他總是風趣又令人驚訝，而且他現在是個大明星。」他也了解，要重拍這麼令人喜愛的電影是需要一點腦筋的，無論是誰演出。「我不想破壞人們的童年夢想，」他告訴《芝加哥太陽時報》，「影片原本就容易讓人感動。不過真的很奇怪，往往在不需要被感動時，我們卻被感動了，這真的不是我個人所喜歡的。我認為應該要比《飛天萬能車》（Chitty Chitty Bang Bang）還要棒很多才對。我對書中敘述小孩也可成大人的部份做出尊敬的回應，但我想大人都忘了這點。它可以更加黑暗，又有不祥的預感，或是有小孩非常邪惡的一面。我喜歡將幽默和情感放在一起。」

戴普很清楚戲中的角色。「我已經有了雙難穿的大鞋,」他告訴MTV,「1970年早期,金懷德就演得很好了,要詮釋和之前的威力旺卡完全不同的形象,有點難。」

波頓倚賴他的演員能給他不一樣,又獨特敏感的《巧克力冒險工廠》。「若戴普出現在影片中,就會呈現出不同的故事,但我手中也有幾個不同的構想。我很喜歡和他一起工作……他總是令我驚訝。我喜歡不在乎自己演起來像什麼的演員,他們就是願意,而我就是因為這樣而感覺興奮和自由。就像有的人會說:『等等,我的燈光不對。』或『除非有這些東西,不然我不走出休息室。』,像戴普這樣的人,就是隨時準備好,可以就緒的人。」

當然,戴普已準備好要演出《巧克力冒險工廠》了,但諷刺的是,他只考慮到休息室被刮傷的問題。據英國《太陽報》(The Sun)報導,這個演員已經擁有拍攝現場最大間的休息室了,他發現四週非常乾淨整潔,於是要求所有的傢俱和配備都要以絲和緞做出垂簾或帳幕。所以場景設計們馬上著手來重新裝飾大明星的休息室,將它改裝為價值45萬美金的「流浪者帳棚」,同時擺上大沙發和色彩鮮豔的地毯,以及燻香燈(具內部人士表示,戴普其實是很嬉皮的)。最後的裝飾就是海盜旗──海盜骷髏頭和骨頭交叉的海盜旗幟──據《帝國雜誌》報導,它在休息室的屋頂上飄來飄去。

《巧克力冒險工廠》的原著小說,是敘述查理巴格特(佛萊迪海默爾)和4個被寵壞的小孩,贏得通往進入神秘的巧克力工廠金獎券的故事。誰都沒看出旺卡(戴普)是在找值得繼承巧克力工廠的接班人,並同時把舉止不佳的小孩一併排除在選擇之外──即從巧克力工廠的工人奧柏倫柏人(Oompa-Loompas)開始學習做起。電影最後,只有查理留下來繼承旺卡的事業。

編劇奧古斯特堅持不看1971年版本的電影,直到交出第一份草稿後的兩個星期。他看出查理和旺卡兩人在生活上,是需要彼此的:旺卡缺少查理所擁有的,家庭。他擁有全世界的巧克力,但他沒有任何人愛他。而查理就是那位驅使他慢慢改變的人。

最後波頓和奧古斯特為威力旺卡發展出另一個故事,是原著及第一版電影所沒有的。旺卡那個盛氣凌人的牙醫爸爸,特別憎恨糖果,這個人物非常適合有反派角色經驗的克里斯多夫李演出,他之前也演過提姆波頓的《斷頭谷》。這個新的版本,對波頓而言,「就是他會什麼會這樣的可能性,大家不需要入戲太深,想想他

爲什麼有這種行爲？背後有什麼意義？」

電影2004年6月在英國開拍，每一次使用5到6個攝影棚，其中包括拍攝007的超大片場松木攝影棚（Pinewood）。一開始便決定要少用電腦動畫（CGI）來呈現，所以電影場景設計亞利克斯麥道威爾（Alex McDowel）要搭建巨大的傳統場景，來取代大片的藍色背景。爲了奧柏倫柏人，麥道威爾更使用經典的電影超大備用的場景。戴普從來就不信電腦動畫產生出的特效，這對他來說這眞是一大安慰，「有一個眞實的場景讓你演出，」他說，「看來，我們可以像多年前拍攝綠野仙蹤一樣，建造一個眞實的場景。」

結果，巧克力河佔據了松木攝影棚大半。20萬加侖的巧克力河是由牙膏和烤過的豆子混合，再加上食用色素染色的。這條河有270呎長，6呎深，而且全都流向用3萬加侖棕色黏液製成的瀑布裡去。「我們有一條流動的巧克力大河，」製片理查賽納克（Richard Zanuck）表示，「還有一條80呎長巧克力瀑布都是眞的。」其餘的佈景都相當具有美學藝術，包括假的森林，那裡是旺卡發現奧柏倫柏人的地方，還有年那久失修的巴格特家。麥道威爾承認，「這部電影走超現實風格。」

獨特的視覺風格也延伸到戴普扮演的威力旺卡。他很高興自己的威力旺卡和金懷德的不同，也承認自己的角色有點毛骨悚然。但童星們卻不這麼認爲，他們在拍攝中因戴普的友情而感動：「戴普是一個普通人，他對待每個人都相當尊敬。他邀請我們到他的休息室坐坐，讓我們覺得非常自在。」

戴普的旺卡是最近一系列古怪角色中比較特別的一個，他戴著又厚又凸的太陽眼鏡，套著紫色的塑膠手套，還有裝滿糖果的透明手杖。「我們總認爲威力旺卡像是拿著糖果的《大國民》（Citizen Kane）或是霍華休斯（Howard Hughes）。」波頓解釋這個角色的呈現手法。「他和人的互動有問題，他有點壞，還有點邪惡，但不致於是壞人。」

戴普演出的旺卡更近一步暗示提到那位有偏執狂的百萬富翁霍華休斯：「我認爲旺卡在人前是戴上面具的，但內心是急著想和人接近。我相信他是一個害怕細菌感染的人，所以爲什麼總是戴著手套，戴手套就像是戴面具一樣。」演員總是藏身於角色之後，戴普所呈現出的旺卡就是一個哀傷、害怕的人。「在參觀工廠的行程中，當我們發現旺卡一直在演，假裝很兇，還逐字照著卡片上的對白來唸。我認爲他試著想要假裝下去，還要保持笑容……」

設計旺卡的視覺呈現，戴普有些準確的構想。「頭型是我一開始就認定的重要

戴普宣稱威力旺卡的真正靈感,是來自從小就愛看的美國兒童節目主持人袋鼠船長中的羅傑先生和埃爾叔叔。

元素之一,」他解釋。「帽子就很簡單,因為那是直接採用Quentin Blake的畫畫。但頭髮就像維廉王子(Prince Valiant)那個樣子——很長的瀏海,短髮。感覺稍為極端了些,但很好看。不過旺卡可能認為自己很酷、很有型,但因為他有好長一段時間沒出過門,也不知自己用的俚語已經過時了。」

「強尼的威利很怪,但很棒,」製片賽納克表示。「他儘量給這個角色更多的故事,但完全和《神鬼奇航》不一樣。真的很怪,一種適度的怪。」

但原本的旺卡,金懷德,對重拍這個角色這部電影有一些關鍵性的看法。對於好萊塢傾向重新拍這部經典之作,懷德宣稱,「全都是為了錢。那些人只是坐在那裡,然後討論說『我們如何來賺多一點錢。』之類的話。為什麼要重拍威利旺卡?

我看不出要重拍的原因。我喜歡強尼戴普，對於他說，這是一雙難穿的鞋我非常讚賞。但我不知道事情會如何演變。」

改編的新電影除了忠於原著，而不是又重拍懷德的版本外，該由有經驗的演員演出的意見被廣泛報導。然而，當電影上映時，懷德卻撤回他的評論，還轉而稱讚戴普演出的旺卡，說他是最完美的選擇。「如果要我挑選演員的話，」懷德寬宏大量的稱讚：「我會選擇強尼戴普這個卡司來演出威力旺卡，因為他真的很神秘，總是充滿魅力。」

然而，懷德最早的評論，不是電影僅有的爭議。戴普被迫要否認，他的旺卡沒有矯揉造作，也沒有模仿流行歌手麥可傑克森（Michael Jackson）的說話方式——他當時被最控虐待兒童，但無罪釋放。

戴普宣稱，「我沒有那種想法。麥可傑克森是愛小孩的人，但威力旺卡不是。」相反的，他卻說自己的靈感是來自小時候愛看的美國兒童節目主持人袋鼠船長（Captain Kangaroo）中的羅傑先生（Mr.Rogers）和埃爾叔叔（Uncle Al）。「對小時候看過的電視節目及主持人有一些回憶，我清楚的記得他們的說話方式有一點奇怪。」

戴普同樣讚揚自己的小孩對威力不尋常的聲音表現有所貢獻，而這是他在和女兒莉莉蘿絲玩的時候發現的。他總是強調，自己如何在小孩面前試演這個對小孩友善的角色。

「有時你會先想出某些構想，但還沒試過，直到讀到劇本的時候。」他解釋著說，「我常常陪莉莉蘿絲玩芭比娃娃，有時我會用怪腔調來說話，然後她就會說，『爹地，不要用這樣的聲音說話。』接著，我會用我旺卡的聲音和她玩整天，然後她就會說，『那個從哪裡來的？』，就是這個，我做對了。孩童總是最誠實的觀眾。」

然而，對於旺卡的表演有人回饋那是不需要的。「當莉莉蘿絲及傑克在看金懷德演出的DVD時，我會馬上跑開，因我不想被他的表演所影響。」

《巧可力冒險工廠》在美國和另一部小孩們喜歡的電影《哈利波特》一起發行，2005年7月15日上映的第一個週末，票房就達到5千600萬。緊接著，有很多評論或「再次重拍」的議題，於是這部經典的電影得到兩極的評價。

《華爾街日報》（Wall Stree Journal）的喬摩根史登（Joe Morgenstern）的結論是：「波頓的電影有他無容置疑的魅力，但終究走到了奇怪的地步，只可形容，我

看了，但沒有很喜歡。」《華盛頓郵報》的安荷娜戴評論說：「這部影片費力的成果，只不過是過分做作的經典作品。」《紐約日報》的傑米伯納德（Jami Bernard）自信的評論到這部電影：「取悅了孩子們，但卻惹惱了1971年的影迷……令所有人費解。」

《紐約時報》的艾歐史考特稱這部再次採用羅爾德達爾小說的電影，是『令人驚奇，但還是有缺點』。《洛杉磯時報》有經驗評論家肯尼斯杜倫（Kenneth Turan），評論道：「談到製作，提姆波頓承認，他所喜歡的就是『黑、苦一點巧克力』。這當然並不驚奇，導演富有想像力、變化幻無常，《巧克力冒險工廠》是相當陰鬱的，但還不太苦。沒有歉意，無情怪異的表現。波頓的禮物，是確定讓你的眼睛離不開螢幕，但不意謂你會很喜歡你挑的電影。」

《巧克力冒險工廠》在2005年7月盛大上映，票房超越華納公司在2003年《魔鬼終結者3》（Terminator 3: Rise of the Machines）的4千400萬。甚至也超越戴普的《神鬼奇航：鬼盜船魔咒》，它票房在2003年達到4千660萬。

與去年同期數字票房數字相比的，甚至增加了7個百分比，對那些快樂的電影製作們而言，他們終於面對到可怕票房的真正成績。2005年整個夏天，美國票房成績超過1億9200萬，馬上就要達到2億了，這還是在國際票房和DVD發行算入帳面之前所統計的。

2005年的秋天，強尼戴普為英國國家廣播公司（BBC Radio 2）詹姆士迪恩的紀錄片作旁白，他是戴普的偶像之一。這也是詹姆士迪恩在加州車禍身亡後的50週年紀念。

一年前，在拍攝《巧克力冒險工廠》時，戴普駕駛全新的朋馳跑車回到位於法國住宅，他驚險地勉強逃過這個詹姆士迪恩也曾經歷過的時刻。根據報導，戴普開著價值2萬8千美元的跑車回到家中，目擊者表示，「我們看到戴普用相當快的速度駛離他的家。但他在倒車時，因不夠小心所以直直的撞上門。他把牆上的監視器撞下來，還在車後面留下大凹痕。」他要花1萬8千元修理車子還有大門。

在21世紀的第一個10年裡，強尼戴普拿著積蓄過活。自從1993年瑞凡菲尼克斯死於戴普位於洛杉磯與朋友共有的Viper Room前，他就減少參與這個發生地的經營活動。生意上的夥伴，安東尼福克斯（Anthony Fox）在2001年告了戴普，指控戴普

在財務上做手腳，還有盜用利潤──對一個片酬2千萬的演員這是很奇怪的指控。

安東尼的律師代表，大衛艾斯基維士（David Eskevius）表示，「安東尼福克斯宣稱強尼戴普佔他的便宜，還偷了他的生意。」然而2001年的聖誕節，福克斯神秘失蹤，但對戴普的指控還是持續進行。根據華納兄弟的《名人司法案件》（Celebrity Justice）網站中指出，法官最後做出裁決，「被告人戴普……違反生意合作受託人的責任，以及對福克斯這個大股東的責任。事實證實是持續、普遍的處置失當，以及濫用職權。」

令人好奇的是，這個結果沒有被廣泛報導。當時，這個案件和福克斯的失蹤，讓人對這個事件發生地有一些擔憂──在1940年代，此地是賭業大亨巴格西席格（Bugsy Siegal）和他的黨羽賭博、買賣毒品的地方，也稱為Melogy Room，就是這個地點讓瑞凡菲尼克斯死亡的……

福克斯另一個律師，杰史坦（Jay Stein）認為他的客戶可能被綁架或謀殺了，或是已經自殺，甚至更有臆測說黑手黨（Mafia）也參與了其中。史坦解釋，「沒有任何蹤跡，沒有看到他的金錢往來，或是能證明他還活著的活動。」

2004年，在福克斯消失2年之後，戴普很快的把這加夜店轉移給了福克斯19歲的女兒亞曼達（Amanda）──她計畫要把此地給賣了。

在這些事件之後，戴普受到更大的驚嚇就是在2005年杭特斯湯普生無預警的自殺──他演出湯普生作品《Fear and Loathing in Las Vegas》中的羅爾杜克。戴普和湯普生，在他位於科羅拉多州亞斯本的森林小屋變成好朋友。

湯普生的屍體被他的兒子發現。這個67歲的作家以獵槍自殺。戴普是參加私人葬禮的許多親友之一，而約翰庫薩克（John Cusack）也在其中──他們曾在2003年一起出席紀錄片《Breakfast with Hunter》上映的活動。

原來在《Fear and Loathing in Las Vegas》之後，戴普已有一個新構想，但湯普生的死亡讓他更專注這個企劃。他在《Fear and Loathing in Las Vegas》的搭檔班尼西歐岱托羅，也準備要來演出及執導這部《The Run Diary》。劇本採用1959年湯普生所寫的半自傳小說。重現22歲的湯普生因被報社開除，最後逃到波多黎各過著漂泊不定生活的故事。

在波多黎各的這段期間，湯普生隱匿於鬥雞場中，當過雞尾酒的展示模特兒，同時身兼自由作家。戴普演出保羅坎普（Paul Kemp），湯普生書中逃到波多黎各角

色。在財務出問題時，他加入了因政治動盪而沸騰激動的《聖胡安日報》（The San Juan Daily News），這個報紙直到1998年才停止發行。在《Fear and Loathing in Las Vegas》出版前，《The Run Diary》是湯普生生活的一個片段。當演員及劇組工作人員就位時，湯普生計畫回到波多黎各當影片顧問。「我們準備要來佔領整座小島。」他承諾。現在，若影片開拍了，就不需要他了。

戴普個人對杭特斯湯普生的愛慕，讓他花了250萬元，給湯普生一個熱烈的告別式。他實現了湯普生的願望，就是把他的骨灰灑在森林小屋家中的院子裡。「我們談過幾次他人生最後的願望，就是用他自己設計的砲筒把自己射出去，」戴普對媒體說明。「我所做的就是實現他人生最後的願望，我只是把好友用他希望的方式送走。」

戴普雇用了好萊塢派對籌畫人，來策畫整個紀念儀式，藉此機會籌款，實現建造砲筒的計畫。「我們務必要盡最大的能力，」他當時說，「杭特最後的願望就是要把他最後剩下的，從150呎高的大砲筒中完全發射出去。這是件怪異的事沒錯，因為你要打造一個大砲筒。為了杭特，我們請工程師設計並建造這個大砲筒。」

根據《紐約郵報》，這個以湯普生的荒誕新聞做為LOGO的紀念大砲，在這個作家自殺的6個月後，8月21日公諸於眾。一個明星充斥的派對取代了告別式，這又實現了作家的願望。包括強尼戴普、西恩潘、比爾莫瑞（Bill Murray，where the buffalo roam），以及鄉村歌手和樂團，共約有250位來賓出席。

湯普生的未亡人艾妮塔（Anita），堅持愉快的告別式就是他想要的。「沒有哭泣，也沒有眼淚，有的只有歡笑，他希望人們快樂。他想像這是很棒的派對。最令人驚奇的人會出席，他的朋友會紀念他的人生。而他更指定要有威士忌和冰塊。」

當湯普生的骨灰要從150呎高的砲塔發射出去時，戴普發表簡短的說話：「可以回饋一些東西是件很棒的事，杭特這是為你做的。」稍後，他了親自彈奏吉他，並與幾位鄉村歌手和樂團一起合唱「肯塔基老家」（My Old Kentucky Home）。艾妮塔看著先生的骨灰和煙火一起發射到空中，「他最喜歡煙火了」。

《神鬼奇航》的成功，讓拍續集成為必然。戴普發現自己面對的是一家有誠意的公司，製作人傑瑞布魯克海默開始和他談不是一部而是兩部續集，但這兩集都得在2005年先後拍攝。就像《駭客任務》（Matrix）及《魔戒》三部曲一樣的模式。簽訂續集的副標題叫：「Dead Man Chest」和「World' s End」，人員有製作人傑瑞布魯

提姆波頓的《地獄新娘》人偶角色維特，由戴普配音。很明顯地，他的外表也比照演員的特徵而塑造。

克海默、導演高爾維賓斯基、編劇泰瑞羅西歐與泰德艾略特，還有幕前才子戴普、奧蘭多布魯和綺拉奈特莉。

　　「第一部電影之後我就去休息了。如果你和某個角色有些程度的關係，你到後來會想念他的，」戴普懷著歡迎傑克史派羅回來的念頭表示，「你會懷念起扮演過這個人，在我內心深處，我希望有一天會有續集，而我又可再度和他見面。」

　　除了留意觀眾的喝彩，戴普也感謝觀眾對史派羅的印象。「非常感謝，」他談到觀眾實際的反應，「過去這一年來，真的很感謝大家，對於這些發生的事情，事先完全沒有期待，至少在提名這件事上。所以我很感動，真的很感動。」

　　這一次，演員比爾奈伊（Bill Nighy）演出第2集《加勒比海盜》（Dean Man's

Chest）的反派角色深海閻王（Davy Jones），同時在電腦動畫中，則增加如章魚頭、龍蝦螯和觸角之類的東西。至於在第3集（World's End），則是由香港動作明星周潤發，演出惡名昭彰的海盜船長Sao Feng。

然而，拍攝《神鬼奇航》續集，並非沒有麻煩的事。2005年4月，《洛杉磯時報》報導，屬於加勒比海域的巴塔卡島（Bataka），多明尼加人的抗議讓影片製作感到頭大。3500位加勒比族人，被招喚來聯合抵制影片的拍攝。因有一場戲，戴普的角色史派羅船長被人用水果和蔬菜串起來作成烤肉串（Shish Kebab）。族長查理斯威廉（Charles Williams）告訴《洛杉磯時報》說，電影在訴說很久以前加勒比族人是食人族的事。「一直到今天，這個沒有事實根據的污名還是存在……而迪士尼要再一次用這部片來宣傳這個污名，而電影是最有力量的宣傳工具。」

迪士尼雇用約400位多明尼加的當地居民拍攝續集，每個人的片酬是一天95元美金。「真的很丟臉，為了幾個錢就背叛骨肉和至親。」威廉告訴《洛杉磯時報》。迪士尼高層低估了騷動，他們想輕鬆愉快地帶過，卻沒有想要回應巴塔卡的歷史。

儘管如此，《神鬼奇航》第2集和第3集，還是想要在2006年及2007年的夏天上映，造就戴普更高的名氣。「有些人可能會看著說道：『啊哈！戴普賣完了。』」獻身於在這部商業片的明星說，「我不相信自己會賣光。我仍願意演出船長史派羅，因為演這個角色很有趣，而且還有很多可探索的地方。如果他們要拍《神鬼奇航》第6集、第7集，我還是會繼續拍。」

21世紀的前5年，強尼戴普還是很忙碌。他在提姆波頓的《提姆波頓之地獄新娘》（Tim Burton's Corpse Bride）中為維特的角色發聲，這是提姆波頓繼《聖誕夜驚魂》之後的偶動畫（Stop-Motion）。很明顯的，角色的外表是依戴普有特色的長相來塑造的。劇本由替波頓編寫《愛德華剪刀手》的卡洛琳湯普森撰寫，為動畫發聲還有演出《巧克力冒險工廠》的海倫娜波漢卡特與克里斯多夫李，加上亞伯芬尼（Albert Finney），艾蜜莉華特森（Emily Watson）。

《地獄新娘》由波頓和麥克強森（Mike Johnson）一起執導。對波頓來說，鄉野的民間傳說，是這部偶動畫最好的構想。「我記得幾年前，夢工廠的創辦人傑佛瑞凱森柏格（Jeffrey Katzenberg）宣稱，卡通動畫已死，」他向《Dreamwatch雜誌》透露。「相當不幸，不管是誰說出任何一種藝術形式已死的這種話……但對捏偶的

人來說，人偶的移動，還有出自內心深處讓無生命物體活過來的感覺，對他們言還是非常特別的。」

據波頓表示，強尼也有一點特別。「強尼和我曾用抽象的方式聊過這部片，我們還是可以了解對方，」導演解釋著說，「但我們不喜歡只有一個參考依據。例如，我從不向強尼說：『要演得像這個……』我們默契相同。對一部電影的主角而言，他是一個好演員，他已經準備好要拍任何戲了。而與其說是主角，倒不如說他更像是隆錢尼（Lon Chaney，默劇時代有千種面貌的人）。他要變身，他想要在不同的電影中演出不同的角色，甚至也會想演出女人的角色。他全都可以做到，因為他就是這樣的人。」

影片2005年9月23日在美國上映，英國則在2005年10月21日。《地獄新娘》票房在美國達到5250萬元（比《聖誕夜驚魂》還要多）。 2005年11月，在英國又進一步增加到410萬元英鎊。

偶動畫幾乎得到一致性的熱烈讚揚。《波士頓全球報》的衛斯理莫瑞斯注意到波頓：「出色、生氣勃勃的藝術作品。這部動畫長達77分鐘，不完全是冷颼颼和感到苦惱的電影……影片表現主義的呈現會讓你忘了時間。」

《休士頓紀事報》（Houston Chronicle）的布魯斯衛斯布洛克稱《地獄新娘》是：「最有史以來好看的偶動畫，」這真是高尚的讚美。《芝加哥太陽時報》的羅傑艾柏談《地獄新娘》：「不像電影名稱看起來是個恐怖的故事，而是一部甜美，錯過愛的愛情片。」《亞特蘭大論壇報》（Atlanta Journal-Constitution）的艾蓮諾（Eleanor Ringel Gillespie）報導，「是有一點怪誕的又神祕、模稜兩可的電影——有點有趣但也有憂鬱。也就是說，《地獄新娘》真的跟其他影片不同。」

2005年戴普和葛瑞戈里大衛羅伯（Gregory David Robert）的自傳電影《Shantaram》有合作關係。這是澳洲逃犯林戴（Lindsay）的故事，他因海洛英而被監禁，後來逃離澳洲監獄到孟買化身為貧民區的醫生。因和地下組織有關連，導致他和回教遊擊叛軍一起在阿富汗對抗蘇俄。戴普對澳洲的《週日太陽先驅報》（Sunday Herald Sun）表示，「他寫了個很美、充滿詩意，又有寓意，厚達1000頁的小說給我。我讀到整顆頭都快被撕裂了。我急切地讀著，感覺非常驚訝。因為是剛拿到的稿子，所以我們非常興奮。它將會是一部很棒的戲。」

繼續工作，沒有婚禮，成為莉莉蘿絲和傑克父母的戴普和凡妮莎很滿足。

　　同樣的，不像是大聲急呼要重拍《The man who killed Don Quixote》。導演泰瑞吉蘭希望他的奇幻作品《神鬼剋星》（The Brothers Grimm）能成功，讓他重新這個企劃。「我還是希望能重拍自己的唐吉訶德，」吉蘭承認，實際上他所面對的問題還是存在的。「我無法拿回我的劇本，」他哭喪著說。「電影原來的德國投資者提告，拿著劇本向法國投資者勒贖。」

　　當戴普名氣增加，吉蘭認為他可以用演員的名氣來讓拍攝的計畫回歸。「我送電子郵件給戴普說我會向世人說謊說戴普會回來拍攝此片。意外地人們願意把錢投資在有戴普的電影中。」他堅持戴普要演出桑丘，是受蒙蔽的唐吉訶德的伙伴。這個角色是為他寫的。「戴普是蒙提派桑（Monty Python）的超級影迷。他告訴我，

他一直想成爲派桑，所以他計畫演出桑丘。」

　　吉蘭有另一個企劃中的案子要戴普演出。國際投資者願意放4千500百萬到這部他所提，由最賣座作家尼爾蓋曼（Neil Gaiman）和泰瑞普萊契（Terry Pratchett）作品《Good Omen》改編的電影——找戴普演出魔鬼，而羅賓威廉斯（Robin Williams）演出天使。然而，在美國這邊，1千500萬的資金卻沒有著落。吉蘭告訴《美國雜誌》（US）：「我不能爲強尼還有羅賓拿到1千500萬……這兩個聰明人在美國不值1千500萬。在那個時刻我才想到，『我眞的無法了解這場遊戲；』、『我不了解這個城市（好萊塢）；』、『我眞的不知道遊戲規則，我只知道我不喜歡它。』」

　　最近這幾年戴普的工作頻率大大增加，必然地，讓這個不情願的明星增加曝光率。提姆波頓把它歸功於是《神鬼奇航》拯救了他那怪異的事業。回想起當初要戴普演出《剪刀手愛德》時，他和可怕的片場老闆們爭論了起來，他告訴《帝國雜誌》：「戴普是個好演員，但你知道，好萊塢是一個嚴謹的地方。是我的關係，他們也認爲他是個好演員，但煩惱的是他喜歡改變自己。戴普比較像是隆錢尼那種總是喜歡演怪誕角色的配角，而不是主角，除了在我的電影中，我希望，也認爲大家應該看到他正直的一面，因爲人們喜歡他的長相。當然《神鬼奇航》賺錢了，一切都不同了，這意味就更深遠了。」

　　事實上，強尼戴普的名氣還是很響亮，他擠進富比士雜誌（Forbes）前100位名人名單中，榜首的是電視脫口秀主持人歐普拉（Oprah Winfrey）。戴普發現自己是第7名，位於第6名導演史蒂芬史匹柏，還有第8名的超級明星瑪丹娜（Madonna）之間。榜上前10名的演員只有第3名的梅爾吉勃遜（Mel Gibson），他因電影《受難記》（The Passion of the Christ）而成功，湯姆克魯斯則在第10名。

　　《神鬼奇航》已經把他推到名演員的那一個全新層次了。即使已年過40，在某種程度上，面對它還是有點困難，他回憶起早年成名的壓力把他推酒精的深淵中。「我必須要喝酒才能工作，這樣我才有辦法說話，同時熬過它。我試著不要感覺到任何事情，在擺脫毒品之後，開始選擇酗酒，很烈的酒。當然，我不認爲那是對的。當你一開始，就會越喝越多，而且根本就不會宿醉。你醒來然後繼續再喝。」現在，戴普把注意力轉向他的家庭，而不是毒品和酒。

　　因工作量增加，戴普比較擔心的是自己的家庭生活。「在與凡妮莎相遇後我就比較放鬆，」他承認，「我有多一點的距離，還有更多的遠景。在以前，我感覺到，我似乎不能理解到自己的位置。當你長時間住在好萊塢，就會活在遊戲中，也

易受票房壓力的影響。我無法忍受，因為我對這個沒興趣。」

　　戴普從以前就被貼上「不在乎商業片的明星」的標籤，但那不完全是事實。如果適合的話，他一點都擔心演出商業片。「這不是拒絕好萊塢的原因，我是拒絕成為一項商品。我心中有很大的疑問：那和什麼有關？是為了什麼？『我是演員嗎？還是傀儡？我有病嗎？為的只是得到稱讚和喝采，還有認同嗎？』我很高興自己不是這樣的人。」

　　「我當然希望電影可以賣座，但這和製作成本沒有關係，」他詳細的說，「我認為小孩讓我進可攻，退可守。感覺真的很好。」

　　但八卦報紙對他的家庭感興趣這一點，他感覺很糟糕。他先前就警告過攝影師，可以針對他，但禁止靠近他的小孩。然而，戴普認為他必須用那野蠻的風格來加強警告：「我警告過八卦報紙，如果要用長鏡頭偷拍就要離得遠一點，如果在我雙手可以碰到的距離內，那事情就會變得很難看。我不在乎他們拍我──雖然我不認為還會有人需要我的照片。我也不在乎他們拍凡妮莎，但拍我小孩，我就無法認同了。如果抓到了，我會咬掉他們的鼻子，同時把他們生吞入腹。」

　　因吸食海洛英而曝光的凱特摩絲，被主要時尚品牌香奈兒和H&M給換掉，於是2005年11月，戴普又再次抨擊媒體。「真是無法相信還有這種不公平的對待，」戴普表示媒體對她採取的行動，「她已經很慘了，別再打擾他，她又不是要競選什麼官位，還是下一位救世主。我認為凱特有她自己過生活的權利。拜託，她又不是假人。」戴普承認他對前女友還是有感覺的，「她是個好女孩，我還是非常在乎她。」

　　凡妮莎及戴普是否要結婚常常被臆測，但結婚典禮或一只婚約，並不是戴普心中之最。「我認為凡妮莎和我已經結婚，」他說，「我們只是沒在結婚證書上簽名，或是透過其他正式的儀式，但對她而言我是丈夫，對我而言她是太太。事情就是凡妮莎的姓非常好聽，而我不想破壞它，『帕拉迪絲戴普？』，我們只是沒有結婚戒指。當然，等孩子大一點時，我們會想要有三天的吉普賽婚禮。」

　　戴普總是選擇在最好的電影中演出。從中型製片（《絕命時刻》、《太空異種》、《祕窗》），轉進獨立製片（《縱情四海》、《在夜幕降臨前》、《風流才子》），還有古怪類型的電影（《斷頭谷》、《開膛手》、《英雄不回頭》），或是受家庭喜歡的商業電影（《神鬼奇航》、《巧克力冒險工廠》），無論是哪一類的挑戰，他都用自

己獨有的方法來詮釋。

「我已經在做一個長時間的改變，」戴普說出讓他成為那個世代最受歡迎明星的秘訣，而長期以來，他也是大銀幕的獨特人才。「我很早就決定，要耐心地等待我喜歡的角色，而不是讓我事業提升的角色。我從沒有想過要成為一位家喻戶曉的明星。」

強尼戴普──
可以狂放叛逆，也可以柔情感性

作　　　者	布萊恩‧傑‧羅伯（Brain J. Robb）	
譯　　　者	黃秀英	

發　行　人	林敬彬
主　　　編	楊安瑜
編　　　輯	蔡穎如
內頁編排	洸譜創意設計股份有限公司
封面構成	洸譜創意設計股份有限公司

出　　　版	大都會文化事業有限公司　行政院新聞局北市業字第89號
發　　　行	大都會文化事業有限公司
	110台北市基隆路一段432號4樓之9
	讀者服務專線：（02）27235216
	讀者服務傳真：（02）27235220
	電子郵件信箱：metro@ms21.hinet.net
	網　　　址：www.metrobook.com.tw

郵政劃撥	14050529 大都會文化事業有限公司
出版日期	2006年7月初版　　2011年5月初版六刷
定　　　價	280元

ISBN　10	986-7651-82-0
ISBN　13	978-986-7651-82-2
書　　　號	98022

Metropolitan Culture Enterprise Co., Ltd.
4F-9, Double Hero Bldg., 432, Keelung Rd., Sec. 1, Taipei 110, Taiwan
TEL:+886-2-2723-5216 FAX:+886-2-2723-5220
e-mail:metro@ms21.hinet.net
Website:www.metrobook.com.tw

First published in UK under the title
Johnny Depp : a modern rebel by Plexus Publishing Limited.

Text copyright © 1995 by Brain J. Robb, updated and revised in 2004 and
2006 by Plexus Publishing Limited
Copyright © 2006 by Plexus Publishing Limited

Chinese translation copyright © 2006 by Metropolitan Culture Enterprise
Co., Ltd.
Published by arrangement with Plexus Publishing Limited.

國家圖書館出版品預行編目資料

強尼戴普：可以狂放叛逆，也可以柔情感性/
布萊恩.傑羅伯(Brian J. Robb)著；黃秀英譯
——初版.——臺北市：大都會文化，
2006[民95]　面：　公分.——(人物誌；98022)
譯自：Johnny Depp:a modern rebel
ISBN 986-7651-82-0(平裝)
1.戴普(Depp, Johnny)2.演員-美國-傳記

785.28　　　　　　　　　　95010856

大都會文化圖書目錄

●都會健康館系列

秋養生—二十四節氣養生經	220元	春養生—二十四節氣養生經	220元
夏養生—二十四節氣養生經	220元	冬養生—二十四節氣養生經	220元
春夏秋冬養生套書	699元		

●CHOICE系列

入侵鹿耳門	280元	蒲公英與我—聽我說說畫	220元
入侵鹿耳門（新版）	199元	舊時月色（上輯＋下輯）	各180元
清塘荷韻	280元		

●FORTH系列

印度流浪記—滌盡塵俗的心之旅	220元	胡同面孔—古都北京的人文旅行地圖	280元
尋訪失落的香格里拉	240元	今天不飛—空姐的私旅圖	220元
紐西蘭奇異國	200元	從古都到香格里拉	399元

●大都會運動館

野外求生寶典		攀岩寶典	
一活命的必要裝備與技能	260元	一安全攀登的入門技巧與實用裝備	260元

●FOCUS系列

中國誠信報告	250元

●禮物書系列

印象花園 梵谷	160元	印象花園 莫內	160元
印象花園 高更	160元	印象花園 竇加	160元
印象花園 雷諾瓦	160元	印象花園 大衛	160元
印象花園 畢卡索	160元	印象花園 達文西	160元
印象花園 米開朗基羅	160元	印象花園 拉斐爾	160元
印象花園 林布蘭特	160元	印象花園 米勒	160元
絮語說相思 情有獨鍾	200元		

●工商管理系列

二十一世紀新工作浪潮	200元	化危機為轉機	200元
美術工作者設計生涯轉轉彎	200元	攝影工作者快門生涯轉轉彎	200元
企劃工作者動腦生涯轉轉彎	220元	電腦工作者滑鼠生涯轉轉彎	200元
打開視窗說亮話	200元	文字工作者撰錢生涯轉轉彎	220元
挑戰極限	320元	30分鐘行動管理百科（九本盒裝套書）	799元
30分鐘教你自我腦內革命	110元	30分鐘教你樹立優質形象	110元
30分鐘教你錢多事少離家近	110元	30分鐘教你創造自我價值	110元
30分鐘教你Smart解決難題	110元	30分鐘教你如何激勵部屬	110元
30分鐘教你掌握優勢談判	110元	30分鐘教你如何快速致富	110元

30分鐘教你提昇溝通技巧	110元		

●精緻生活系列

女人窺心事	120元	另類費洛蒙	180元
花落	180元		

●CITY MALL系列

別懷疑！我就是馬克大夫	200元	愛情詭話	170元
唉呀！眞尷尬	200元	就是要賴在演藝圈	180元

●親子教養系列

孩童完全自救寶盒（五書+五卡+四卷錄影帶）		3,490元（特價2,490元）
孩童完全自救手冊—這時候你該怎麼辦（合訂本）		299元
我家小孩愛看書—Happy學習easy go！	220元	天才少年的5種能力　280元

●新觀念美語

NEC新觀念美語教室	12,450元（八本書+48卷卡帶）

您可以採用下列簡便的訂購方式：

◎請向全國鄰近之各大書局或上大都會文化網站 www.metrobook.com.tw選購。

◎劃撥訂購：請直接至郵局劃撥付款。

　帳號：14050529

　戶名：大都會文化事業有限公司

　（請於劃撥單背面通訊欄註明欲購書名及數量）

大都會文化事業有限公司

讀　者　服　務　部　　　收

110台北市基隆路一段432號4樓之9

強尼戴普
Johnny Depp
A Modern Rebel

可以狂放叛逆，也可以柔情感性

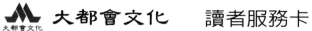

大都會文化　讀者服務卡

書名:**強尼戴普－可以狂放叛逆，也可以柔情感性**

謝謝您選擇了這本書！期待您的支持與建議，讓我們能有更多聯繫與互動的機會。
日後您將可不定期收到本公司的新書資訊及特惠活動訊息。

A. 您在何時購得本書：_____年_____月_____日

B. 您在何處購得本書：_____書店，位於_____(市、縣)

C. 您從哪裡得知本書的消息：
  1.□書店　2.□報章雜誌　3.□電台活動　4.□網路資訊
  5.□書籤宣傳品等　6.□親友介紹　7.□書評　8.□其他

D. 您購買本書的動機：（可複選）
  1.□對主題或內容感興趣　2.□工作需要　3.□生活需要
  4.□自我進修　5.□內容為流行熱門話題　6.□其他

E. 您最喜歡本書的：（可複選）
  1.□內容題材　2.□字體大小　3.□翻譯文筆　4.□封面　5.□編排方式　6.□其他

F. 您認為本書的封面：1.□非常出色　2.□普通　3.□毫不起眼　4.□其他

G. 您認為本書的編排：1.□非常出色　2.□普通　3.□毫不起眼　4.□其他

H. 您通常以哪些方式購書:(可複選)
  1.□逛書店　2.□書展　3.□劃撥郵購　4.□團體訂購　5.□網路購書　6.□其他

I. 您希望我們出版哪類書籍：（可複選）
  1.□旅遊　2.□流行文化　3.□生活休閒　4.□美容保養　5.□散文小品
  6.□科學新知　7.□藝術音樂　8.□致富理財　9.□工商企管　10.□科幻推理
  11.□史哲類　12.□勵志傳記　13.□電影小說　14.□語言學習（_____語）
  15.□幽默諧趣　16.□其他

J. 您對本書(系)的建議：
_____

K. 您對本出版社的建議：
_____

讀者小檔案

姓名：_____　性別：□男 □女　生日：____年____月____日

年齡：1.□20歲以下 2.□21—30歲 3.□31—50歲 4.□51歲以上

職業：1.□學生 2.□軍公教 3.□大眾傳播 4.□服務業 5.□金融業 6.□製造業
　　　7.□資訊業 8.□自由業 9.□家管 10.□退休 11.□其他

學歷：□國小或以下 □國中 □高中／高職 □大學／大專 □研究所以上

通訊地址：_____

電話：（H）_____　（O）_____　傳真：_____

行動電話：_____　E-Mail：_____

◎謝謝您購買本書，也歡迎您加入我們的會員，請上大都會文化網站 www.metrobook.com.tw 登錄您
的資料，您將會不定期收到最新圖書優惠資訊及電子報。

大都會文化
METROPOLITAN CULTURE

大都會文化
METROPOLITAN CULTURE

大都會文化
METROPOLITAN CULTURE